Mise en pages : **ASSIMIL** France

© Assimil 2011   ISBN 978-2-7005-0554-2
                              ISSN 2109-6643
Cet ouvrage est basé sur la collection **Wort für Wort** des éditions Reise Know-How Verlag Peter Rump GmbH, Bielefeld.

Le Créole guyanais de poche

Aude Désiré

Préface d'Henri Salvador

Illustrations de J.-L. Goussé

B.P. 25
94431 Chennevières sur Marne cedex
FRANCE

Nos Langues au format poche

Albanais – Allemand – Alsacien – Anglais – Anglais américain – Anglais australien – Arabe algérien – Arabe égyptien – Arabe libanais – Arabe littéraire – Arabe marocain – Arabe tunisien – Arménien – Basque – Brésilien – Breton – Bulgare – Calédonien – Catalan – Chinois – Chtimi – Coréen – Corse – Créole guadeloupéen – Créole guyanais – Créole haïtien – Créole martiniquais – Créole mauricien – Créole réunionnais – Croate – Danois – Espagnol – Espagnol d'Argentine – Espagnol de Cuba – Espagnol du Mexique – Espéranto – Finnois – Flamand – Grec – Hébreu – Hindi – Hongrois – Indonésien – Irlandais – Islandais – Italien – Japonais – Kabyle – Lao – Letton – Lingala – Luxembourgeois – Malgache – Maori – Marseillais – Néerlandais – Norvégien – Ourdou – Platt lorrain – Polonais – Portugais – Provençal – Québécois – Roumain – Rromani – Russe – Serbe – Slovaque – Slovène – Suédois – Tahitien – Tamoul – Tchèque – Thaï – Tibétain – Turc – Vietnamien – Wolof

Français à l'usage des étrangers

- anglophones
- hispanophones
- Hongrois
- Italiens
- lusophones
- néerlandophones
- Polonais
- russophones
- Turcs

Langues en liberté

- Anglais ou américain ? Les différences à connaître
- Le japonais du manga

Préface

Je suis né, au presque début d'un siècle, dans un coin d'Amérique du Sud, qui, malgré sa géographie, est français : la Guyane.

Mes parents, originaires des îles voisines, parlaient le créole guadeloupéen de Basse-Terre. À la maison, c'était la langue officielle. Mais dans mes jeux d'enfant, à l'école ou dans la rue, je parlais le créole guyanais : **Mo sa oun gwiyanè ! Mo ka palé gwiyanè !**… *C'était la langue de mon enfance.*

De Métropole, on n'imagine pas la diversité du créole, du métissage, de cette terre qu'est la Guyane. La population est attachante, riche de mélanges. La flore dense, la faune diversifiée et exceptionnelle, les nouvelles technologies très présentes à Kourou, sont l'orgueil de la France, les coutumes, et parfois les superstitions, les **"prensip nèg"**, *la cuisine épicée et variée (ah ! comme je l'aime, cette cuisine !), tout cela fait l'identité du Guyanais.*

Mes origines sino-indo-hispanico-americano-antillaises… sont en moi, bien ancrées. Ce sang mêlé est ma force, je connais mes racines. Je me reconnais dans cette terre d'aspect hostile, et pourtant si accueillante et flamboyante. Je me reconnais dans les Guyanais.

D'écrire ces quelques lignes, tout me revient, la chaleur et la moiteur du climat, la douceur de ma mère, mes bagarres d'enfant Place des Palmistes, les employés de maison tout droit sortis du bagne, les **"vyé blan"**, *comme on les appelait. Il est loin, ce temps, et pourtant si près de moi !*

Aujourd'hui, je suis fier d'être associé à ce projet, une méthode simple et idéale pour vos premiers pas vers ce métissage, ce créole, mon créole, celui qui est le parfum de ma terre.

Partez en toute confiance, vous détenez maintenant toutes les clefs !

Tchenbé rèd, pa moli ! *(Tiens bon – raide – ne mollis pas !)*

Henri SALVADOR

Assimil,
une recette différente

Vos ingrédients :

- un condensé de grammaire ;
- une bonne dose de conversation, à base d'éléments nutritifs et variés ;
- un saupoudrage savamment dosé de conseils d'amis et de tuyaux sur les coutumes locales ;
- une bibliographie légère ;
- en dessert, un double lexique ;
- pour pimenter un peu le menu, un zeste d'humour avec nos illustrations souriantes ;
- et, en prime, six rabats ingénieux pour vous mettre en appétit.

Il ne vous reste plus qu'à mettre les pieds sous la table pour déguster ce repas équilibré au gré de votre appétit, et en tirer tous les bienfaits : confiance, joie de communiquer et de devenir un peu plus qu'un simple touriste.

LES GUIDES ASSIMIL SONT DIFFÉRENTS !

Ou a ou kaz !
vous êtes votre maison
Bienvenue !

Pour vous mettre dans l'ambiance, nous vous proposons un petit quiz. Tous les mots que vous y trouverez font partie de l'univers créole guyanais. Certains désignent un mets, d'autres un personnage ou un objet… Testez-vous et répondez aux questions par *oui*, **wi**, **enren** ou par *non*, **awa**, **anwa**, **an-an**.

	wi/ enren	awa/ anwa/ an-an
Trempez-vous votre **zakari** au petit-déjeuner ?	❏	❏
Votre **katourido** est-il lourd ?	❏	❏
Aimez-vous la **kasav** ?	❏	❏
Appréciez-vous les **kontès** ?	❏	❏
Voulez-vous des **sispa** pour la route ?	❏	❏
Dégustez-vous le **kwak** ?	❏	❏
Avez-vous déjà franchi un **so** ?	❏	❏
À l'instar des pirates, mangez-vous du **poulet boucané** ?	❏	❏
Monsieur, saurez-vous serrer contre vous un **touloulou** ?	❏	❏
Vous êtes-vous déjà égaré avec un **maskilili** ?	❏	❏
Manmandilo vous a-t-elle fredonné un chant mélodieux ?	❏	❏
Avez-vous déjà dégusté un **atipa** ?	❏	❏
Madame, sortez-vous avec votre **pagra** ?	❏	❏

Vous n'êtes pas tout à fait sûr de vos réponses ? Ne vous inquiétez pas, vous découvrirez le sens de ces mots au fil des pages. Sinon, reportez-vous à la fin de la **_Conversation_**, juste avant la bibliographie. Mais tout d'abord, quelques mots sur *Le Créole guyanais de poche*. Qu'y trouverez-vous ?

- Un bref tour d'horizon des langues de Guyane et de l'histoire du pays ;
- des indications de prononciation ;
- l'essentiel (résumé et digeste) de la grammaire ;
- quelques règles de comportement et de savoir-vivre ;
- des conseils pour vos sorties et randonnées ;
- une bibliographie…

… et bien sûr tout un éventail de vocabulaire classé par thèmes, ainsi qu'un double lexique (créole – français et français – créole) reprenant les termes rencontrés dans l'ouvrage.
Le Créole guyanais de poche, vous le constaterez, c'est déjà un voyage en soi.

SOMMAIRE

AVANT-PROPOS

Mode d'emploi 2
Vous avez dit Guyane ? 3
   Les populations de Guyane 5
   La langue créole 7
   Le créole – Une vraie mosaïque 8
   Le créole guyanais et les autres créoles 10
Prononciation et écriture 10
   Voyelles, semi-voyelles et nasales 12
   Consonnes 12

GRAMMAIRE

L'article 13
   L'article défini 13
   L'article indéfini 14
Le genre 14
Les pronoms personnels sujets et les adjectifs possessifs 15
La conjugaison 16
   Le présent 16
   Le passé composé 17
   L'imparfait 17
   Le plus-que-parfait 17
   Le futur 18
   Le conditionnel 18
   L'impératif 19
Avoir 19
Être 20
La négation 21
L'interrogation 22

CONVERSATION

Quelques mots à ne pas confondre 23
Les couleurs 24
Les chiffres 25
Le temps qui passe 25
    Les mois de l'année 26
    Dire l'heure 27
À l'aéroport 29
Les transports 30
    En taxi 30
    En transports collectifs et en voiture. 32
    En cas de panne 35
Se loger 36
Première conversation 39
Demander son chemin, s'orienter 41
Promenade dans le temps 44
    Un peu d'histoire 44
    Sur les traces des bagnes 46
En ville 50
    La nature en ville 50
    Les maisons créoles 52
Les achats. 54
Boire et manger 56
    Au restaurant 57
    La cuisine guyanaise 58
    Les plats guyanais 59
    Les pâtisseries 62
    Au marché 63
Être malade 76
Les parties du corps 78
Cayenne, la nuit 79
    Une dispute 80
    La musique et la danse 81
Quelques mots doux 82
Se promener dans la nature 85
    La forêt 85
    En randonnée 88
    La faune 91

Kourou 94
Quelques proverbes 96
L'imaginaire guyanais 99
Les fêtes 104
    La Toussaint 104
    Noël 107
    Carnaval 109
    Pâques et son bouillon d'awara 112
    Les fêtes patronales communales 113

Réponses au quiz 118

Bibliographie 120
    La langue créole 120
    Pour s'initier à la cuisine 121
    Pour en savoir plus sur l'histoire 121
    Romans 121

LEXIQUES

Créole – Français 125
Français – Créole 137

Remerciements

Pour toi ma fille Awara
Remerciements à R. Sardaby, D. Boukman,
S. Mam-Lam-Fouck et L. Honorien
pour leur relecture critique et leur soutien,
et à tous ceux qui ont le respect de nos valeurs.

Ce manuel ne prétend pas remplacer un cours de langue, mais si vous investissez un peu de temps dans sa lecture et apprenez quelques phrases, vous pourrez très vite communiquer. Tout sera alors différent, vous vivrez une expérience nouvelle.

Un conseil : ne cherchez pas la perfection ! Vos interlocuteurs vous pardonneront volontiers les petites fautes que vous pourriez commettre au début. **Le plus important, c'est d'abandonner vos complexes et d'oser parler.**

AVANT-PROPOS

Aux images qui vous sont peut-être déjà familières du bagne de Cayenne, de la fusée Ariane à Kourou ou des serpents de la forêt amazonienne, vous pouvez aussi associer les noms de quelques hommes originaires de Guyane : Félix Éboué (1884-1944), premier Noir gouverneur des colonies, qui a joué un rôle important en 1940, en ralliant l'AOF (Afrique Occidentale française) à la France libre, et dont les cendres reposent au Panthéon ; Gaston Monnerville (1897-1997), avocat qui, en France, fut président du Sénat pendant 21 ans, de 1947 à 1968 ; sans oublier les écrivains René Maran (1887-1960), prix Goncourt en 1921 pour le livre *Batouala*, et Léon Gontran Damas, un des trois poètes fondateurs du mouvement de la négritude avec Aimé Césaire et Léopold Sédar Senghor ; la députée européenne Christiane Taubira, dont le nom est attaché à une loi votée le 10 mai 2001 au Parlement français, qui dénonce l'esclavage comme étant un crime contre l'humanité, 150 ans après l'abolition de l'esclavage ! C'est aussi la première femme de Guyane candidate à la présidence de la République française.

Mais la Guyane, c'est encore eu plus que tout cela. Si vous n'avez pas encore eu l'occasion d'être invité chez un Guyanais à déguster un bouillon d'**awara** à Pâques, si vous n'avez jamais été convié à une **soirée parée** ou à savourer un **punch komou**, il est temps de vous plonger dans ce guide.

MODE D'EMPLOI

Après une présentation générale de la Guyane et de son histoire, nous vous dévoilerons les rudiments qui vous permettront de mieux comprendre les Guyanais et leur créole. Nous passerons ensuite à la prononciation, qui, vous le verrez, est très simple à maîtriser. Quelques points succincts – mais essentiels – de grammaire vous aideront à mieux saisir la charpente de la langue, vous permettant ainsi de comprendre plus vite son fonctionnement et, un peu plus tard, de former vous-même des phrases simples.

Enfin, au cours d'une longue promenade, nous vous emmènerons à travers la Guyane et vous préparerons à vous débrouiller dans les situations les plus courantes, celles que vous pourriez vivre lors d'un séjour dans le pays. Un vocabulaire thématique, des phrases clés et des proverbes courants vous aideront non seulement à comprendre, mais aussi à engager la conversation avec les Créoles en utilisant les mots à bon escient.

Il peut arriver que vous croisiez ici ou là un Guyanais qui n'apprécie pas qu'un inconnu s'adresse à lui pour la première fois en créole, langue de connivence ; alors, n'insistez pas, passez votre chemin…

Lorsque la structure de la phrase créole est différente de la phrase française, nous vous proposons, au-dessus de la traduction en français courant, une traduction mot à mot (en petits caractères), dans laquelle chaque mot créole est traduit de manière strictement littérale. Cette traduction pourra parfois vous sembler comique, mais vous la trouverez bien utile, car elle vous permettra de comprendre la construction de la phrase.

Un exemple :
Mo lé aprann palé kréyòl.
je vouloir apprendre parler créole
Je veux apprendre à parler le créole.

En fin d'ouvrage, une courte bibliographie vous propose, si vous le souhaitez, d'aller plus loin. Le double lexique, qui constitue la dernière partie du livre, regroupe tout le vocabulaire présenté au fil des différentes rubriques, ainsi qu'un choix de mots utiles au quotidien. Il vous permettra de naviguer au gré de vos besoins.

En Guyane, le conteur vous dira que même les coqs chantent en créole. Ne doutons pas du fait que bientôt, ce sera votre tour !

Mais…
> **Gidi gidi pa ka maré pagra !**
> vite vite pas [présent] attacher paniers
> Rien ne sert de courir, il faut partir à point.

Et encore :
> **Piti-piti toti ka monté montann.**
> petit-petit tortue [présent] monter montagne
> Petit à petit, l'oiseau fait son nid.

Alors prenez votre temps, et surtout soyez persévérant !

VOUS AVEZ DIT GUYANE ?

Dès que vous descendez de l'avion, de multiples sensations vous assaillent. Vos yeux découvrent un paysage verdoyant, tandis que votre corps s'enveloppe d'une chaleur dont le poids contraste avec sa douceur. À Matoury – ville de l'aéroport – où la pluviosité est très élevée, l'odeur particulière de la terre humide vous confirme que vous êtes bien arrivé !

Vos oreilles commencent à distinguer le timbre des voix chantantes. Des mots prennent forme à mesure que vous vous approchez des bâtiments de l'aéroport Rochambeau, unique aéroport international du pays. C'est votre premier contact avec la langue créole… Si vous avez oublié la lotion répulsive, les *moustiques*, **marengwen** (prononcez *maringouin*) et autres *très gros moustiques*, **mak**, eux, ne vous oublieront pas. Vous êtes en Guyane, "département" français sur le continent sud-américain, un pays grand comme le Portugal.

Le climat est équatorial. Il se caractérise par une chaleur constante – 27 °C en moyenne, tempérée par les vents alizés –, une très grande humidité atmosphérique, et une pluviométrie qui peut atteindre 4 mètres par an !… De ce fait, la végétation est luxuriante – plus de 5 500 espèces ! Elle couvre les 9/10es du territoire, avec des forêts primaires – appelées aussi "forêts vierges" qui subsistent, fait devenu rare sur cette planète.

Premier étonnement : en Guyane, la mer n'est pas bleue ! Sans doute aurez-vous un moment d'hésitation avant de faire un **tchouboum**, l'onomatopée guyanaise désignant le *plongeon*, tête la première dans l'eau verdâtre de l'océan Atlantique rempli d'alluvions de l'Amazone. Pourtant, l'eau, malgré son aspect peu engageant, est à 25 °C au moins toute l'année et la baignade y est très agréable. D'ailleurs, il suffit de s'éloigner des rives pour avoir une eau claire, aux îles du Salut.

Ceci n'a rien à voir avec les problèmes de pollution : ce sont les alluvions des fleuves – la proximité avec l'Amazone en particulier, premier fleuve du monde par son débit –, qui donnent cet aspect trouble. Les plages de sable fin peuvent changer d'aspect sous l'influence des sédiments transportés par les fleuves vers les embouchures pour donner l'aspect de *marécages*, **pripri**.

Le relief guyanais est assez régulier. Quelques collines peu élevées, appelées localement "montagnes", s'élèvent à moins de 200 mètres : la montagne du Montabo, la montagne du Tigre… La zone côtière, d'une altitude inférieure à 30 mètres, est composée de "terres basses" et de nombreuses criques ; **krik**, en Guyane, désigne les *cours d'eau*.

Proche de l'équateur, la Guyane ne connaît pas les ravages cycloniques, ni les tremblements de terre. Avec un ensoleillement de plus de 350 jours par an, le cycle saisonnier se scinde en quatre périodes qui ponctuent l'année : la grande saison des pluies de la mi-avril à la fin juin, la petite saison des pluies en début d'année, la grande saison sèche, de mi-juillet à fin novembre, et en mars-avril, "le petit été de mars".

Les populations de Guyane

La majorité de la population vit sur une bande littorale large de 15 à 40 kilomètres sur laquelle se sont organisées les grandes agglomérations de Cayenne, Kourou et Saint-Laurent. Quelques habitants occupent la vallée le long des fleuves frontières : l'Oyapock à l'Est et le Maroni à l'Ouest.

Comme tout le continent américain, la Guyane n'échappe pas aux vagues de migrations. La population évaluée "officiellement" à 160 000 habitants doit en compter en réalité environ 200 000 si l'on tient compte des clandestins. Au-delà de quelques centenaires, la population est très jeune, près de la moitié ayant moins de 25 ans.

Sur ce territoire se côtoient plusieurs groupes de populations : Amérindiens, Européens, Businengé, Créoles, Chinois, Indiens, Syro-Libanais, Javanais, Haïtiens, Brésiliens, Hmongs... Les plus anciens sont les Amérindiens, nommés par erreur "Indiens" par Christophe Colomb. Peuples nomades par excellence, qu'ils s'appellent Arawak, Émérillon, Galibi, Oyampi, Palikour ou Wayana, ils se répartissent sur tout le territoire. Contrairement à une idée très répandue, à l'arrivée des Européens, ces populations ne vivaient pas seulement de cueillette, de pêche et de chasse : ils cultivaient déjà la patate douce, le manioc... tout un savoir-faire qui a traversé le temps.

senk

À l'arrivée des Européens, au XVIIe siècle, on estimait la population amérindienne à près de 30 000 âmes. Au début du XXe siècle, on n'en comptait plus que quelques centaines, à cause, entre autres, des guerres européennes, et des maladies virales importées. Aussi, dès 1930, un décret préfectoral créait le territoire de l'Inini, qui prévoyait un accès limité pour les protéger. Au XXIe siècle, les Amérindiens sont un peu moins de 7 000. Aujourd'hui encore, un tiers du pays est soumis à une réglementation, et il est nécessaire d'obtenir une autorisation préfectorale pour se rendre dans l'arrière-pays sur près de 30 000 km² d'ouest en est, de Maripasoula à Camopi.

La traite négrière a déporté des populations de divers pays africains. Certaines sont devenues des Créoles. Elles se sont toutes plus ou moins créolisées. Mais ce "terme" est utilisé par opposition aux populations qui ont réussi à se soustraire au système esclavagiste en résistant par le "marronnage" : partout où l'espace le permettait, en Jamaïque, à Cuba, à Saint-Domingue, au Brésil, au Surinam, en Guyane, des esclaves ont fui l'univers violent des plantations et créé des "communautés de marrons" en menant une vie collective forestière et fluviale loin de l'exploitation servile de l'esclavage. En Guyane, les "Nèg Maron", qu'ils soient Ndjuka, Aluku, Paramaka, Saramaka, se nomment **Businengé**. Ils se sont constitués en communautés structurées et ont créé leur propre langue, le **nengé tongo**, alchimie de différentes langues européennes et africaines. Leur savoir-faire culinaire et leur production artistique, l'**art Tenbé**, s'intègrent aujourd'hui dans l'univers guyanais.

Après la seconde abolition de l'esclavage en 1848, de nombreux migrants arrivent sur le sol guyanais pour remplacer la main-d'œuvre gratuite : des Indiens – d'Inde cette fois –, des Chinois, des Indonésiens, appelés "Javanais", plus tard des Saint-Luciens, des Martiniquais, des Guadeloupéens, des Haïtiens, des Brésiliens et des Colombiens.

Entre 1976 et 1982 enfin, un millier de Hmongs, boat people venus des camps de réfugiés de Thaïlande, ont trouvé refuge en Guyane, à Cacao et à Mana.

Aujourd'hui encore, dans l'intérieur, la Guyane a une densité inférieure à cinq habitants au kilomètre carré. Aussi, à l'instar des États-Unis, la Guyane n'existerait pas sans ces mouvements de populations de la Caraïbe, d'Europe, d'Afrique et d'Asie…

La langue créole

Le mot "créole" vient du portugais *crioulo* et de l'espagnol *criollo*. Au XVIIe siècle, il a d'abord servi à nommer des groupes humains nés dans les colonies. Au début, il désignait les métis noirs nés au Brésil, puis les Européens nés dans les colonies.

Aujourd'hui, en Guyane, le terme **kréyòl** désigne les habitants descendant des anciens esclaves, ainsi que la langue née pendant la traite, du contact entre les esclaves et les Européens. Dès le XIXe siècle, le mot "créole" a progressivement servi d'adjectif pour désigner tout ce qui se créait dans les colonies : cuisine *créole*, littérature *créole*, maison *créole*…

Du XVIe au XIXe siècle, la région des Guyanes – les actuels Venezuela, Guyana, Surinam, Guyane française et le Nord-Est du Brésil – où vivaient des Amérindiens Arawaks, Tupis et Caraïbes, était très convoitée par les puissances européennes. Les Espagnols s'installèrent au Venezuela, les Anglais au Guyana, les Hollandais au Surinam et les Portugais au Brésil. Les intérêts géopolitiques d'alors se traduisaient par des valses d'occupation et de retrait. Ainsi, la Guyane fut successivement occupée par les Hollandais, puis par les Britanniques, puis à nouveau par les Hollandais, les Portugais, et finalement par la France. C'est pour cela que le créole guyanais est à base lexicale française.

De nos jours, les jeunes Businengé et les Amérindiens – comme la plupart des nouveaux migrants – se servent du créole guyanais pour communiquer au sein de la société guyanaise.

Après des années de dévalorisation, la langue créole, **lang kréyòl-a**, occupe aujourd'hui une place incontournable dans l'ensemble de la société. Enfin reconnu au sein de l'Éducation nationale, depuis les classes élémentaires jusqu'aux formations universitaires, le créole est présent : épreuve orale facultative de langue vivante au baccalauréat général, technologique et professionnel, doctorat de langues et cultures régionales (option créole), et Certificat d'Aptitude de Professeur de l'Enseignement Secondaire (C.A.P.E.S.).

Le créole – Une vraie mosaïque

Comme nous l'avons vu, le vocabulaire créole est le reflet de la diversité de la population. Les traces subsistent dans le vocabulaire de chaque langue.

En Guyane, la toponymie est imprégnée des mots des premiers habitants et donc des langues amérindiennes (**Kayenn**, *Cayenne* ; **Kourou** ; le nom "Guyane" lui-même, qui signifierait en guarao "ce qu'on ne peut nommer"). On retrouve également ces traces dans le vocabulaire de la faune (**agouti**, *rongeur frugivore*, **oko**, *oiseau gallinacé*), de la flore (les *palmiers*, **maripa**, **wasèy**, **komou**), et parmi certains objets (**anmak**, *hamac*, **kwi**, *demi-calebasse*, **katouri**, *chapeau de soleil*).

Les langues africaines ont également laissé leur empreinte dans la langue créole, en particulier celles parlées dans le golfe de Guinée, le yoruba, le fon, l'éwé de l'actuel Bénin, du Nigéria… : **awa**, *non*, **dokonnon**, *pâtisserie très sucrée*, **gogo**, *fesses*, **djokoti**, *se baisser*, **gangan**, *ancêtre*…

Et puis il y a bien sûr l'influence des langues européennes, notamment celle de l'anglais : **chwit**, qui vient de "sweet", *agréable*, *bon*, et se prononce *chouitt*, **djòb**, de "job", *petit boulot*, **sinobòl**, de "snowball", *boule de neige*, glace pilée enrobée de sirop, sans oublier **tré**, venant de "tray", *plateau*… Une autre influence non négligeable est celle du portugais, avec par exemple **briga**, *lutter*, *se battre*, **fika**, qui vient de "ficar" et qui signifie, en créole guyanais comme en portugais, *être*, *rester*.

Quant au français, nous l'avons dit, son influence est majeure. Notons simplement quelques mots usuels : **kalòt**, *calotte*, **lajòl**, *la geôle* ; **an mitan**, *au milieu,* et quelques verbes comme **dansé**, *danser*, **manjé**, *manger*.

Comme toutes les langues, la langue créole est en constante évolution. Gageons qu'elle continuera de s'enrichir de mots nouveaux que lui apporteront les immigrants actuels et futurs.

> **Mo sa oun Gwiyanèz,**
> Je suis une Guyanaise,
> **Mo sa oun milatrès**
> Je suis une mulâtresse
> **Pa gadé mo lapo,**
> Ne regardez pas ma peau,
> **A mo tchò ka konté**
> C'est mon cœur qui compte
> **Pa sasé mo rasin**
> Ne cherchez pas mes racines
> **I ganyen tro bokou**
> Il y en a beaucoup trop
> **Tout koulèr mélanjé**
> Toutes couleurs mélangées
> **Tout disan-yan kontré.**
> Tous les sangs se sont mêlés.

La Mulâtresse, compositeur René Claude Daniel, paroles de Nicole Dolan.

Le créole guyanais et les autres créoles

En lisant les premiers mots et phrases en créole guyanais que nous vous proposons ici, vous éprouvez sans doute la curieuse impression que cette langue vous est à la fois familière et étrangère. Il n'y a là rien d'étonnant, puisque, comme vous le savez, plusieurs sociétés ont contribué à former cette langue qui, comme toutes les autres, est le reflet de son histoire. Au fil du temps, les règles d'usage et les mots créoles ont peu à peu pris leur autonomie par rapport à leurs origines. Les autres sociétés créolophones ont connu une aventure similaire, chacune à sa façon. Cela se traduit par des différences, parfois sensibles, d'un créole à l'autre.

Le créole de Guyane compte de nombreux mots en commun avec les autres créoles de la zone américano-caraïbe à base lexicale française – Martinique, Guadeloupe, Sainte Lucie, Dominique, Haïti. Ce tronc commun permet une certaine intercompréhension entre les créolophones.

PRONONCIATION ET ÉCRITURE

La question de l'écriture du créole n'est pas nouvelle. Dès 1872, Auguste de Saint-Quentin a proposé, dans *Étude sur la grammaire créole*, un système graphique proche de celui du GEREC-F, Groupe d'Études et de Recherches en Espace Créolophone et Francophone, que nous utilisons.

Une règle d'or : toutes les lettres écrites ont leur son propre. Il n'y a donc pas de lettre muette. Aussi lirez-vous sans trop de difficulté la plupart des mots.

Impossible de piéger qui que ce soit avec une orthographe étymologique comme *Il était une fois, une marchande de foie…* "Fois", "foie" et "Foix" s'écrivent de la même façon en créole guyanais : **fwa**.

Suivant le même principe :
– c, k, et qu s'écrivent simplement **k**. Ainsi, *caisse, coq, képi, qui* et *taxi* s'écrivent en créole, respectivement **kès**, **kòk**, **képi**, **ki**, **taksi**.
– *in, yn, ym, ain, aim* et *ein* s'écrivent toujours **en**. *bain, brin, faim, fin, plein* et *thym* s'écrivent donc **ben**, **bren**, **fen**, **plen**, **ten**.
– *en* et *an* s'écrivent **an** : *banc, quand* et *vent* s'écrivent **ban**, **kan**, **van**.
– Mais attention, la double consonne **nn** change la prononciation. La nasale (**an**, **on**, etc.) est suivie d'un "n" que l'on entend de manière bien distincte. Ainsi, **bann**, *bande*, se prononce *ban-n* ; **anprann**, *apprendre*, se prononce *anpran-n* ; **plenn**, *plaindre*, se prononce *plin-n* et **lasimenn**, *semaine*, *lassimin-n*.
– Le son *s/ss*, quelle que soit l'orthographe du mot français, s'écrit toujours **s** : *ces, ses, s'est, sait, c'est*, s'écrivent tous **sé**.
– D'autre part, retenez bien que **s** entre deux voyelles ne se prononce jamais *z* en créole : **lésé**, *laisser*, se prononce *léssé*.
– En français, le son *o* peut s'écrire "o", "au", "eau", "aux", "aut", etc. En créole, on l'écrit toujours **o**.

Si la prononciation des voyelles ne pose en général aucun problème, attention cependant aux accents !
Un seul accent mal prononcé change totalement le sens du mot. Ainsi, **fo** (qui se prononce avec le o fermé de "coco") signifie *faux*, tandis que **fò** (prononcé avec un o ouvert, comme dans "sol") signifie *fort* ; **so** signifie *son/sa*, tandis que **sò** signifie *sœur*. Quant au **bobo**, c'est *une blessure*, alors qu'une **bòbò** est *une prostituée* !

Le créole guyanais compte sept voyelles, deux semi-voyelles (**y** et **w**), trois nasales et dix-huit consonnes.
Notez que **ch**, **dj** et **tch** sont considérées comme des consonnes à part entière ; **h**, **q** et **x** n'existent pas.
Rappelez-vous que toutes les lettres se prononcent. Il n'y a pas de consonnes muettes, même en fin de mot.

onz

Voyelles, semi-voyelles et nasales

Graphie	Prononcez comme dans	Exemple	Traduction
a	*ami*	**pagra**	panier
é	*bébé*	**lélé**	mélanger
è	*père*	**tètèwèlè**	poisson salé
i	*ici*	**ari**	rire
o	*coco* (**o** fermé)	**so**	son, sa
ò	*sol* (**o** ouvert)	**sò**	sœur
ou	*mou*	**lakou**	cour
y	*yoyo*	**pyay**	ensorcelé
w	*ouate*	**wara**	fruit du palmier
on	*son, ombre*	**pon**	pont
an	*sans, vent*	**tan**	soirée
en	*brin, plein, bain*	**nen**	nez
in	*marine*	**lizin**	usine

Consonnes

Graphie	Prononcez comme dans	Exemple	Traduction
b	*beau*	**bo**	embrasser
ch	*char*	**chapé**	s'enfuir
d	*dans*	**dronml**	dormir
dj	*Djibouti*	**djoubaté**	se démener
f	*feu*	**fala**	courtiser
g	*gare*	**gadé**	regarder
j	*je*	**jwé**	jouer
k	*képi*	**kawka**	se taire
l	*lent*	**lé**	vouloir
m	*mot*	**maré**	attacher
n	*nous*	**néyé**	noyer
p	*soupe*	**pété blo**	se disputer
r	*rue*	**rayi**	détester
s	*sale, tasse*	**séré**	se cacher
t	*vite*	**tandé**	entendre
tch	*Tchad*	**tchoké**	frapper
v	*vous*	**vini**	venir
z	*zéro*	**kozé**	parler

GRAMMAIRE

Voici quelques rudiments pour vous aider à comprendre le fonctionnement de la langue créole. N'essayez pas de les apprendre par cœur, lisez-les simplement, et revenez-y un peu plus tard si vous en ressentez le besoin.

L'ARTICLE

En créole guyanais, il n'existe pas de marque de genre masculin ou féminin. La forme de l'article est donc la même pour les noms féminins et pour les noms masculins.

L'article défini

L'article défini singulier vient s'accoler derrière le mot qu'il accompagne, et en est séparé par un trait d'union.

L'article défini est **a** :

chèz-a	**tab-a**
la chaise	la table

Sauf pour tous les mots qui se terminent par **on**, **an**, **en** ou **oun**, **enn**, **ann**, **nm**, dont l'article prend la forme **an** :

fanm-an	**lapen-an**	**moun-an**	**pon-an**
la femme	le lapin	la personne	le pont

trèz

ya est la marque du défini pluriel. Il est placé après le nom :

tab-ya
tables-les
les tables

pour les mots qui se terminent en **on**, **an**, **en** ou **oun**, on utilise **yan** :

timoun-yan
enfants-les
les enfants

L'article indéfini

L'article indéfini a une forme unique, **oun**, et il est placé avant le nom :

oun wonm   **oun fanm**
un homme   une femme

En créole, l'article indéfini pluriel "des" n'a pas d'équivalent :

I ka manjé mang.
il [présent] manger mangues
Il mange des mangues.

LE GENRE

Pour désigner un animal, le sexe suit l'article :

oun fimèl chyen
un femelle chien
une chienne

oun mal chyen
un mâle chien
un chien

OUN MAL CHYEN
(un chien)

LES PRONOMS PERSONNELS SUJETS ET LES ADJECTIFS POSSESSIFS

Les pronoms personnels sujets et les pronoms possessifs sont identiques sauf pour *son, sa, ses* – **so**.
Les pronoms sont toujours placés devant le verbe sauf à l'impératif.
On emploiera aussi bien **mo** pour *mon papa*, **mo papa**, *ma maman*, **mo manman** que pour *mes cousins*, **mo kouzen**.

pronoms personnels sujets		adjectifs possessifs	
mo	je	mo	mon/ma/mes
to/ou *(vouvoiement singulier)*	tu/vous	to/ou	ton/ta/tes
i/li	il/elle	so	son/sa/ses
nou	nous	nou	notre/nos
zòt	vous	zòt	votre/vos
yé	ils/elles	yé	leur/leurs

LA CONJUGAISON

En créole, c'est vraiment très simple : le verbe est invariable. Il reste identique quel que soit le temps ou le sujet.
Chaque temps (sauf le passé composé) s'exprime au moyen d'une particule qui se place entre le pronom personnel sujet et le verbe. Pour les verbes "être" et "avoir", pas de particule : *j'ai faim* → **mo fen**, *je suis petite* → **mo piti**.
Observez le même verbe utilisé avec des pronoms personnels différents : c'est toujours la même forme quel que soit le sujet du verbe !

mo ka palé	je parle
mo té ka palé	je parlais
mo ké palé	je parlerai
i ka palé	il/elle parle
nou palé	nous avons parlé
zòt ké palé	vous allez parler

La distinction des premiers, deuxième et troisième groupes de verbes en français n'existe pas en créole :

aimer	(premier groupe)	**kontan**
finir	(deuxième groupe)	**fini**
tenir	(troisième groupe)	**tchenbé**

Le présent

La marque du présent est la particule **ka**, toujours placée avant le verbe :

mo ka dansé	je danse
to ka dansé	tu danses
i ka dansé	il/elle danse
nou ka dansé	nous dansons
zòt ka dansé	vous dansez
yé ka dansé	ils/elles dansent

Le passé composé

Le passé composé se passe de particule :

mo dansé	j'ai dansé
to dansé	tu as dansé
i dansé	il/elle a dansé
nou dansé	nous avons dansé
zòt dansé	vous avez dansé
yé dansé	ils/elles ont dansé

L'imparfait

La marque de l'imparfait est **té ka**, toujours placée avant le verbe :

mo té ka dansé	je dansais
to té ka dansé	tu dansais
i té ka dansé	il/elle dansait
nou té ka dansé	nous dansions
zòt té ka dansé	vous dansiez
yé té ka dansé	ils/elles dansaient

Le plus-que-parfait

Celle du plus-que-parfait est **té** :

mo té dansé	j'avais dansé
to té dansé	tu avais dansé
i té dansé	il/elle avait dansé
nou té dansé	nous avions dansé
zòt té dansé	vous aviez dansé
yé té dansé	ils/elles avaient dansé

disèt

Le futur

La particule **ké** indique le futur, qui traduit aussi bien le futur simple que le futur immédiat :

mo ké dansé	je danserai *ou* je vais danser
to ké dansé	tu danseras *ou* tu vas danser
i ké dansé	il/elle dansera *ou* il/elle va danser
nou ké dansé	nous danserons *ou* nous allons danser
zòt ké dansé	vous danserez *ou* vous allez danser
yé ké dansé	ils/elles danseront *ou* ils/elles vont danser

Pour que vous repériez plus facilement les formes verbales, nous vous indiquons dans la phrase en mot à mot, entre crochets, la valeur de la particule (présent, futur, pl.-q.-pft, etc.), suivie du verbe à l'infinitif… Le passé composé se passant de particule, nous le conjuguons directement dans le mot à mot.

Attention : ne pas confondre **ké** placé devant un verbe – qui marque le futur – et **ké** lorsqu'il signifie *avec*, ou *quai*.

> **Mo ké alé ké to asou ké a.**
> je [futur] aller avec toi sur quai-le
> J'irai sur le quai avec toi.

Le conditionnel

Le conditionnel utilise **té ké** à toutes les formes, toujours placé avant le verbe :

> **Si mo té gen ventan toujou, mo té ké dansé touléjou.**
> si je [pl.-q.-pft] avoir vingt-ans toujours, je [conditionnel] danser tous-les-jours
> Si j'avais encore vingt ans, je danserais tous les jours.

> **Si to té konnèt dansé, mo té ké mennen to annan lafèt-a.**
> si tu [pl.-q.-pft] savoir danser, je [conditionnel] emmener toi à-dans fête-la
> Si tu dansais bien, je t'inviterais à la fête.

L'impératif

L'impératif est employé sans particule et sans pronom personnel aux deuxièmes personnes du singulier et du pluriel :

Vini ! **Kouté !**
Viens ! / Venez ! Écoute ! / Écoutez !

Avec les verbes de "mouvement" (sortir, venir…), il faut rajouter un pronom personnel :

Gadé mo !
Regarde-moi ! / Regardez-moi !

Pour construire une phrase à la forme impérative négative, il suffit d'ajouter **pa** devant le verbe :

Pa vini ! **Pa gadé mo !**
Ne viens/venez pas ! Ne me regarde/regardez pas !

AVOIR

Attention ! Pour les verbes "être" et "avoir", la particule **ka**, du présent, ne s'utilise pas.

Le verbe "avoir" a une forme courte, **gen**, et une forme longue, **ganyen** :

Mo gen dé timoun / Mo ganyen dé timoun.
je avoir deux petits-personnes
J'ai deux enfants.

Lorsque **ganyen** est précédé du pronom **li** ou **i**, il peut signifier *il y a*, comme dans cet exemple :

I ganyen soso moun.
il y a beaucoup gens
Il y a du monde.

diznèf

I PA VINI.
(Il/Elle n'est pas venu/e.)

Attention, "avoir" n'est pas utilisé comme en français pour dire :

J'ai faim ou j'ai soif :
Mo fen oubyen mo swèf.
je faim ou je soif

ÊTRE

Le verbe "être" peut être rendu de trois manières différentes.

- On emploie le verbe **sa** devant un nom :

  Mo <u>sa</u> oun Fransé/Bèlj/Kanadjen.
  je être un(e) français/e / belge / canadien/ne
  Je suis français/e / belge / canadien/ne.

  Mo <u>sa</u> oun fanm/boug.
  je être un/e femme / homme [bougre]
  Je suis une femme / un homme.

To sa ki moun ?
tu être quelle personne
Qui es-tu ?

• "être" peut se traduire par **fika** toujours employé en fin de phrase :

A kouman to fika ?
c'est comment tu être
Comment vas-tu ?

A konsa i fika.
c'est comme-ça qu'il/elle être
Elle est comme ça.

• Le verbe "être" n'est pas exprimé devant un adjectif ou pour parler du temps, de la manière ou du lieu :

Sonson kontan.
Sonson content
Sonson est content.

I piti.
il/elle petit
Il/Elle est petit/e.

I senkèr.
il cinq-heures
Il est cinq heures.

LA NÉGATION

La négation se fait avec **pa**, placé devant le verbe :

I pa vini.
il/elle pas venir
Il/Elle n'est pas venu/e.

Souvenez-vous, le passé composé se passe de particule !

ventéyen 21

L'INTERROGATION

L'interrogation peut être introduite par une intonation (**To ka vini ?**, *Tu viens ?*) ou un pronom interrogatif (**Ès to ka vini ?**, *Viens-tu ? / Tu viens ?*).

Attention, il n'y a jamais d'inversion du sujet en créole. Notez que les pronoms interrogatifs sont toujours invariables :

konmyen ?	combien ?
kouman ? / a kouman ?	comment ?
ès ?	est-ce que ?
kilès ? / a kilès ?	lequel, laquelle, lesquel(le)s ?
kiyakèl ?	lequel, laquelle, lesquel(le)s
koté ? / kikoté ?	où, par où ?
pou kimoun ?	pour qui ?
poukisa ?	pourquoi ?
kitan ?	quand ?
ki bèt ? / ki bagaj ?	quel truc ?
kimoun ?	qui ?
kisa ? / a kisa ?	quoi, c'est quoi ?

CONVERSATION

QUELQUES MOTS À NE PAS CONFONDRE

Méfiez-vous des mots créoles qui ressemblent comme deux gouttes d'eau aux mots français : ce sont parfois de faux-amis qui peuvent vous induire en erreur ! Dès lors que vous vous lancerez dans des conversations en créole, il vous sera utile d'en connaître quelques-uns…

Par exemple :

I rot.
il/elle haut
Il/Elle est grand/e.

I kourt.
il/elle court
Il/Elle est petit/e.

Bo ne signifie pas "beau" mais *embrasser*.
fokòl signifie *affront* et n'a rien à voir avec un col amovible !
I gròs ne signifie pas qu'elle est grosse, mais qu'*elle est enceinte*.
Le **kwak** n'est pas une "fausse note" mais du *couac*, c'est-à-dire du manioc en petits grains, qui a un peu l'aspect de la semoule.
Un **krik** peut, selon le contexte, désigner un *cours d'eau*.
Quant au **kouskous** (autre prononciation **kouchkouch**), c'est une autre manière de nommer l'*igname*.

Oun bèt est très souvent utilisé pour dire *un truc, un machin, quelque chose*. Ce n'est pas nécessairement "une bête", au sens d'un animal.
Le mot **koulèv**, *couleuvre*, désigne, certes, un serpent inoffensif, mais aussi la presse à manioc utilisée par les Amérindiens et les Créoles.
Oun tan : dans ce cas, il s'agit d'une *soirée festive*, et cela n'a rien à voir avec le *temps* qui se dit aussi **tan**.

Terminons par quelques expressions usuelles :
Sa dròl, *c'est bizarre*, mais pas forcément "drôle".
I sézi ne signifie pas qu'il est saisi, mais qu'*il a subi une émotion très forte*.
Mo ka kalkilé, "je calcule", c'est-à-dire en réalité *je réfléchis*.

Si vous entendez **Fout i endiskré !** (litt. "fiche il/elle indiscret"), n'allez pas en déduire que cette personne manque de discrétion ; en créole, cette expression s'utilise pour une personne qui manifeste de l'effronterie, du culot !

LES COULEURS

En créole guyanais, le nom des couleurs est très proche du français :

koulèr-ya	couleur		
blan	blanc	**nwè**	noir
blé	bleu	**oranj**	orange
gri	gris	**rouj**	rouge
jonn	jaune	**vèrt***	vert
kako / maron	marron	**vyolèt***	violet

* Le "t" final se prononce.

LES CHIFFRES

La prononciation des chiffres et des nombres est assez proche du français, sauf pour *un* qui se dit **oun** ou **roun** (à Cayenne), *deux* qui se prononce **dé**, *quatre* qui se dit **kat** et *neuf* qui se prononce **nèf**.

chif-ya, les chiffres

0	zéro	5	senk
1	oun	6	sis
2	dé	7	sèt
3	trwa	8	uit
4	kat	9	nèf
10	dis	15	kenz
11	onz	16	sèz
12	douz	17	disèt
13	trèz	18	dizwuit
14	katòrz	19	diznèf
20	ven	60	swasant
30	trant	70	swasandis
40	karant	80	katréven
50	senkant	90	katrévendis
100	san	1 000	mil
200	désan	2 000	dé mil

1 000 000	milyon
1 000 000 000	milyar

LE TEMPS QUI PASSE

Poursuivons par un peu de vocabulaire lié au temps…

apré dimen	après-demain
anvan yèr	avant-hier
sa mwa-a	ce mois-ci

vennsenk

sa simenn-a	cette semaine-ci
chak lannen	chaque année
chak mwa	chaque mois
chak simenn	chaque semaine
dimen	demain
dépi bonmanten jouk aswè	du matin au soir
ayè	hier
lannen pasé	l'année dernière
lapré midi	l'après-midi
lannwit*	la nuit
lasimenn pasé	la semaine dernière
simenn ka vini an	la semaine prochaine
lajournen	le jour
bonmanten	le matin
mwa-a	le mois
mwa pasé	le mois dernier
aswè-a	le soir

* Prononcez bien *lan-nouit*.

Les mois de l'année

Profitons-en pour passer en revue **mwa lannen-yan**, *les mois de l'année*, en créole :

janvyé	janvier
févriyé	février
mars	mars
avril	avril
mé	mai
jwen	juin
jwiyé	juillet
out	août
sèptanm ou **sèktanm**	septembre
oktòb	octobre
novanm	novembre
désanm	décembre

Attention à bien prononcer les mots terminés en **anm** !

An oktòb, i toujou gen bèl botan an Gwiyàn.
en octobre, il toujours avoir bel beau-temps en Guyane
En octobre, il fait toujours beau en Guyane.

A pa kou févriyé ki sa mwa sézon lapli.
c'est pas comme février qui est mois saison la-pluie
En revanche, le mois de février tombe pendant la saison des pluies.

Novanm a mwa ki pi cho !
novembre est mois qui plus chaud
Novembre est le mois le plus chaud !

An janvyé, mo zanmi ké vini wè-mo pou kannaval-a.
en janvier, mes amis [futur] venir voir-moi pour carnaval-le
En janvier, mes amis viennent *(viendront)* me voir pour le carnaval.

Dire l'heure

Pour dire l'heure, pas besoin d'utiliser le verbe "être" comme en français. Par contre, on précise toujours **bonmanten**, *du matin*, ou **aswè** / **soukou**, *du soir*.

édimi	et demie
ékar	et quart
lorlòj	horloge
midi	midi
minwi	minuit
mwen l kar	moins le quart
mont	montre
kardèr	quart d'heure
révèy	réveil
oun dimiyèr	une demi-heure

vennsèt 27

Ki lèr i fika ?
quelle heure il est
Quelle heure est-il ?

Mo pa savé, mo pa gen mont.
je pas savoir, je pas avoir montre
Je ne sais pas, je n'ai pas de montre.

I inèr / dézèr / trwazèr / katrèr… bonmanten / aswè ou **soukou.**
il une-heure / deux-heures / trois-heures / quatre-heures… du matin / du soir
Il est une / deux / trois / quatre heures… du matin / du soir.

kar-a té pou pasé pabò di (ou bò di)…
car-le [pl.-q.-pft] pour passer vers
Le bus devrait passer vers…

Ja gen oun dimiyèr, mo ka antann.
déjà avoir une demie-heure, je [présent] attendre
Cela fait une demi-heure que je t'attends.

JA GEN OUN DIMIYÈR, MO KA ANTANN.
(Cela fait une demi-heure que je t'attends.)

À L'AÉROPORT

Dès votre arrivée, en allant récupérer votre valise, vos oreilles entendent déjà parler créole.

Voici un petit dialogue entre deux voyageurs impatients :

Koté mo malèt fika ?
où ma valise être
Où est passée ma valise ?

Fout i ka pran tan !
fiche il/elle [présent] prendre temps
Ça alors, ça en prend, du temps !

A pa pédi, i pédi ?
c'est pas perdre, il/elle perdre
Elle ne s'est tout de même pas perdue !

Konmyen malèt to ganyen ?
combien valises tu il-y-a
Combien de valises as-tu ?

Ounsèl, dé oubyen oun patché bagaj ?
une-seule, deux ou-bien un paquet bagages
Une seule, deux ou plusieurs ?

Mo gen oun malèt rounso.
je avoir une valise uniquement
Je n'ai qu'une valise.

A men li. A sa blé-a, i la !
ah voici la. ça être ce-bleu-là, elle là
Ah, la voici. C'est la bleue, là !

Grémési, a ounòt solèy. Maché byen !
grand-merci, à un-autre soleil. marche bien
Merci et à la prochaine ! Porte-toi/Portez-vous bien !

ventnèf

Un peu de vocabulaire :

laéropòr-a	l'aéroport
avyon-an	l'avion
biyé-a	le billet
biro pou changé soumaké	le bureau de change
dékalaj lèr-a	le décalage horaire
distribitèr soumaké otomatik-a	le distributeur (d'argent) automatique
giché-a	le guichet
gran lasal-a	le hall
koté pou trapé niouz	le point information/accueil
terminal-a	le terminal
malèt-a	la valise
vwayaj-a	le voyage
rézèrvé oun biyé	réserver un billet

LES TRANSPORTS

En taxi

Une fois les bagages récupérés, il est temps pour vous de vous préoccuper de votre lieu de résidence. Comment y accéder ? Une vingtaine de kilomètres environ sépare l'unique aéroport international de Guyane, Rochambeau, du centre-ville de Cayenne. Cayenne regroupe à elle seule plus de 50 % de la population du pays.

En l'absence de services collectifs publics organisés rationnellement, les taxis ont le monopole du transport depuis l'aéroport. En principe, la plupart des taxis fonctionnent avec un compteur comme en métropole, avec des tarifs différents pour le jour et la nuit, de même que pour les jours fériés.

En général, il y a pas mal de taxis, et vous n'aurez donc aucun mal à en trouver. À priori, les chauffeurs de taxi sont plutôt courtois, bavards et chaleureux. À l'aéroport, puis à Cayenne, sur la place des Palmistes, et près du canal Laussat, vous trouverez des stations de taxis individuels ou collectifs.

anboutèyaj	embouteillage
chimen-an pou…	le chemin pour…
dousman	lentement
dékolaj / tibyèbyè	pourboire
èstasyon taksi-a	station de taxis
pri-a	tarif
taksi / taksiko	taxi / taxi collectif
vitman / gidi-gidi	vite

Koté* taksi-ya fika ?
où taxis-les sont
Où puis-je trouver un taxi ?

* Attention : selon le contexte, **koté** traduit à la fois *côté*, *chez*, *où*…

Après les salutations de rigueur, peut-être pourrez-vous prononcer vos premières phrases avec le chauffeur de taxi. Souvent originaires de Haïti, les chauffeurs de taxi échangent avec aisance en créole. Il est fréquent qu'en Guyane on vous réponde dans un autre créole que le créole guyanais ; mais pas de panique, les créolophones se comprennent aisément.

Souplé, ès ou té ké pouvé mennen mo koté mo ké rété-a… ?
s'il-vous-plaît, est-ce-que vous [conditionnel] pouvoir conduire moi chez je [futur] rester
S'il vous plaît, est-ce que vous pouvez me conduire jusqu'à… ?

Konmyen mo gen pou-w ?
combien je avoir pour-vous
Dites-moi ce que je vous dois.

Es ou pouvé roulé pli vit/dousman ?
est-ce-que vous pouvez rouler plus vite/lentement
Pouvez-vous rouler plus vite/lentement ?

Pa fè gidi-gidi ké mo !
pas faire vite-vite avec moi
N'allez pas si vite !

I ka fè cho !
il [présent] faire chaud
Il fait chaud !

Mo pouvé / Es ou pouvé louvri lafinèt-a ?
je peux / est-ce-que vous pouvez ouvrir fenêtre-la
Je peux / Pouvez-vous ouvrir la fenêtre ?

En transports collectifs et en voiture

Pour vos déplacements sur l'île de Cayenne, c'est-à-dire sur Cayenne et sa proche banlieue – Rémire-Montjoly et Matoury –, vous pourrez toujours prendre des cars.
L'idéal serait d'alterner les promenades à pied, pour observer à loisir les vieilles maisons créoles, et les balades en voiture, qui permettent de quitter la ville.

Pour sortir de Cayenne à destination de Macouria, Montsinéry, Kourou, Sinnamary, Mana jusqu'à Saint-Laurent à 260 kilomètres, vous devrez emprunter la route littorale et la nationale numéro 1 (route dont la construction a été entamée en 1907 et achevée en 1963 !). Là, le transport est assuré par les taxis collectifs, situation de proximité idéale pour vous plonger dans l'univers social et quotidien des passagers. Toutefois, ce mode de transport présente quelques inconvénients : les horaires ne sont pas affichés, car les véhicules ne partent qu'une fois remplis, et… **yé pa ka maché ni dimanch, ni lannwit**, *ils ne fonctionnent ni le dimanche, ni le soir.*

I KA FÈ CHO !
(Il fait chaud !)

koté pou lwé loto	agence de location de voitures
arè	arrêt
antann kar-a	attendre le bus
kar	bus
koté oto-a/koté ika alé/ koté ika rivé	destination
lwé	louer
tèrminis	terminus
taksiko	transport collectif
oun/dé plas	une/deux place/s
loto	voiture

Bonjou, a kouman ou fika ?
bonjour, est comment vous être-[présent]
Bonjour, ça va ?

Souplé, ès i ganyen oun taksiko ka alé jouk Sen Loran ?
s'il-vous-plaît, est-ce-que il avoir un taxi-co [présent] aller jusque Saint Laurent
S'il vous plaît, y a-t-il un taxi collectif qui part pour Saint-Laurent ?

tranntrwa

Attention ! Les communes de l'Est ne sont pas desservies. Pour vous rendre à Cacao, Régina, Saint-Georges, il vous faudra une voiture particulière. Dans ce cas, choisissez de préférence un véhicule tout terrain. Vous avez compris que les transports collectifs sont très aléatoires ; tout incite à la location d'une voiture individuelle. Si vous faites ce choix, une fois sur place :

> **Ki koté mo pouvé trapé oun loto pou lwé ?**
> quel côté je pouvoir attraper une auto pour louer
> Où dois-je m'adresser pour louer une voiture ?

Pas d'inquiétude ! La plupart des loueurs ont une agence à l'aéroport de Rochambeau. À vous de comparer le meilleur rapport qualité-prix, **pou pa jité ou soumaké atè**, *pour ne pas jeter votre argent par la fenêtre*. Bien sûr, à l'agence, vous parlerez français. Mais rien ne vous empêche, en partant, de prendre congé avec un petit clin d'œil en créole :

> **Grémési, ou byen idé mo !**
> grand-merci, vous bien aider moi
> Merci de m'avoir aidé/e !

Avec les voitures de location, il est en principe interdit d'emprunter les pistes. Elles sont trop dangereuses vu la profondeur des ornières. C'est pourquoi **panga !** *faites attention !* En Guyane, les routes, qui sont presque partout à deux voies, même asphaltées, exigent une attention sans relâche, de jour comme de nuit. Les bords de route, mal délimités et souvent peu éclairés, peuvent vous entraîner dans des **pripris**, *marécages, terres inondées*.

Enfin, vous voilà dans votre voiture, plan en main. Partout où vos yeux se posent, les paysages sont verdoyants et vous avez déjà envie de connaître le nom de tous ces arbres magnifiques… Mais ne soyez pas trop pressé :

A pa menm jou féy tonbé a dilo, i ka pouri !
c'est pas même jour feuille tomber à dans-l'eau, elle [présent] pourrir
Ce n'est pas le même jour que la feuille tombe à l'eau et qu'elle pourrit !

Bref, "chaque chose en son temps !"

En cas de panne

Soyez vigilant, car en dehors des agglomérations de Cayenne, Kourou, et Saint-Laurent, vous trouverez peu de stations d'essence.

Mo krè mo loto an pann, i pa ka vansé.
je crois ma voiture en panne, elle pas [présent] avancer
Je crois que ma voiture est en panne, elle n'avance plus.

Ès ou lé mo mennen-w pli lwen ?
est-ce vous vouloir je emmener-vous plus loin
Voulez-vous que je vous dépose à la prochaine ville ?

Bonjou, ki koté mo ké pouvé fè lésans ?
bonjour, quel côté je [futur] pouvoir faire l'essence
Bonjour, où pourrais-je prendre de l'essence ?

Mo gen oun rou ki krévé.
je avoir une roue qui crevée
J'ai une crevaison.

Es ou konnèt oun bon mékanisyen ?
est-ce-que vous connaître un bon mécanicien
Connaissez-vous un bon mécanicien ?

Batri-a mouri, loto-a pa ka pati ; idé mo pousé-l, souplé !
batterie-la morte, auto-la pas [présent] partir ; aidez moi pousser-elle, s'il-vous-plaît
La batterie est déchargée, la voiture ne démarre pas ; aidez-moi à la pousser, s'il vous plaît !

batri-a	la batterie
kapo-a	le capot
laklé-a	la clé
lésans	l'essence
éswiglas-a	l'essuie-glace
limyèr-an	les feux
limyèr panga	les feux de détresse
motèr-a	le moteur
pàn lésans	la panne sèche
lapòt-a	la porte
échapman	le pot d'échappement
rou-ya	les roues
syèj-a	le siège
vit-a	la vitre

SE LOGER

Pour vous loger en Guyane, la solution la plus classique est bien sûr l'hôtel. Dans les villes, vous pourrez aussi louer un studio meublé. Il n'existe pas de terrains aménagés pour le camping. En revanche, en forêt, vous pourrez louer un gîte et vivre quelque temps la vie simple des Guyanais en milieu rural, dans **oun karbé**, *un carbet* – paillote recouverte de feuilles de palmier tressées.

Avant de partir, vous aviez trouvé cette petite annonce sur Internet : "Couple de retraités loue chambre meublée ventilée avec WC et douche, pour touriste de passage à Cayenne. Possibilité de cuisiner dans partie commune et de laver le linge ; parking privé. Draps et linge de maison fournis."
Vous sonnez à la porte. Une voix féminine venant du balcon vous demande de patienter.

> **Antann oun moman, mo ka vini louvri lapòt-a ba'w.**
> attendre un moment, je [présent] venir ouvrir porte-la pour-vous
> Attendez un instant, je viens vous ouvrir.

Bonjou / Bonswè, ou a ou kaz !
bonjour / bonsoir, vous à votre maison
Bonjour / Bonsoir, soyez le/la bienvenu/e !

Ou byen vwayajé ?
vous bien voyagé
Avez-vous fait bon voyage ?

Men ou chanm.
Voici votre chambre.

Chanm a ben-an ofon koridò-a.
chambre à bain-la au-fond couloir-le
La salle de bains est au fond du couloir.

Vous passez en revue tous les détails de commodités qui vous préoccupent :

Es i ganyen dilo cho ?
est-ce il avoir de-l'eau chaude
Y a-t-il de l'eau chaude ?

Pa gen problèm, ou jouk ganyen oun téléfòn ké oun télévizyon.
pas avoir problème, vous jusque avoir un téléphone et une télévision
Pas de problème, vous avez même le téléphone et la télévision.

Mo pa ka wè pyès moustikèr asou bélina-a !
je pas [présent] voir aucune moustiquaire sur lit-le
Je ne vois pas de moustiquaire au-dessus du lit !

Ou pa bizwen pè, tout lapòt-ya ké lafinèt-ya gen yé griyaj marengwen.
vous pas besoin peur, toutes portes-les et fenêtres-les avoir leur grillage moustique
Ne vous inquiétez pas, toutes les ouvertures sont équipées de moustiquaires.

Tout le vocabulaire dont vous pouvez avoir besoin :

byenvini	bienvenue
bouch ka ari	accueil cordial
bouch maré	accueil glacial
dimi-pansyon	demi-pension
dra	draps
dilo cho/frèt	eau chaude/froide
gan twalèt	gant de toilette
papyé twalèt	papier hygiénique
tchenbétchò	petit-déjeuner
pròp	propre
sal	sale
chanm a ben	salle de bains
savon	savon
sèrvyèt twalèt	serviette de toilette
téléfòn	téléphone
twalèt, kabiné	toilettes

MO PA KA WÈ PYÈS MOUSTIKÈR ASOU BÉLINA-A !
(Je ne vois pas de moustiquaire au-dessus du lit !)

PREMIÈRE CONVERSATION

Votre interlocuteur veut connaître vos centres d'intérêt, ce que vous avez envie de découvrir dans ce vaste pays :

Es ou gen timoun / pitit ?
est-ce-que vous avoir petite-personne / petit
Avez-vous des enfants ?

Wi, mo gen dé timoun : oun tifi ké oun ti bononm.
oui, je avoir deux petites-personnes : un/e petite-fille et un petit garçon
Oui, j'en ai deux : une petite fille et un petit garçon.

Non, mo pòkò gen pyès timoun.
non, je pas-encore avoir aucun petite-personne
Non, je n'en ai pas encore.

Konmyen tan ou ka rété isi-a ?
combien temps vous [présent] rester ici-là
Combien de temps restez-vous ici ?

Ki travay ou ka fè ?
quel travail vous [présent] faire
Vous exercez quelle profession ?

Mo sa oun…
je être un/une
Je suis…

avoka	avocat
chofè taksi	chauffeur de taxi
pandriyò / santravay	chômeur
kwafèr	coiffeur
kwizinyè/r	cuisinier/-ère
moun bati	cultivateur
dantis	dentiste
dépité	député

trantnèf

dirèktò	directeur
dòktò / mèdsen	docteur / médecin
markè palò	écrivain
élèktrisyen	électricien
faktèr	facteur
enfirmiyèr	infirmière
mèt lékòl	instituteur (aujourd'hui professeur des écoles)
mèr	maire
dòktò-wéy	oculiste
péchò	pêcheur
fotograf	photographe
plonbyé	plombier
marchann poson	poissonnier/-ère
profésò	professeur

Kisa ou té ké kontan fè/wè/manjé ?
qu'est-ce-que vous [conditionnel] aimer faire / voir / manger
Qu'est-ce que vous aimeriez faire/voir/manger ?

Mo tandé palé di… ?
je entendre parler de
J'ai entendu parler de…

Ès mo pouvé fè/wè/manjé… ?
est-ce-que je pouvoir faire / voir / manger
Est-ce que je peux faire/voir/manger… ?

Pa gen problèm.
pas avoir problème
Pas de problème.

Pour mettre fin à la conversation et prendre congé, dites :

Mo chapé !	ou	**Mo ka pati.**
moi échappé		moi [présent] partir
Je suis parti !		Je m'en vais.

Pi ta ! / Talò !
plus tard / tout-à-l'heure
À bientôt !

ou tout simplement :

Oréwar !
Au revoir !

DEMANDER SON CHEMIN, S'ORIENTER

Tout à vos premiers pas dans le maniement de la langue, vous vous êtes laissé entraîner par votre interlocuteur, sans plus guère prêter attention aux rues et aux bâtiments qui vous entouraient. Il faut bien en convenir, vous êtes perdu…
S'il est impossible de se perdre dans Cayenne, Sinnamary, Saint-Laurent, aux quadrillages urbains à angles droits, ça se complique dans les villes nouvelles à la signalétique un peu confuse (Matoury, Montjoly, Kourou...). En forêt, il est très facile de se perdre. Alors mieux vaut ne pas trop s'y aventurer sans un autochtone.

Mo pédi mokò.
je perdre mon-corps
Je me suis perdu.

Mo pa ka trapé mo chimen.
je pas [présent] trouver mon chemin
Je ne retrouve plus mon chemin.

Souplé, ès ou pouvé di-mo ki chimen pou mo pran pou mo alé… ?
s'il-vous-plaît, est-ce-que vous pouvoir dire-moi quel chemin pour moi prendre pour je aller
S'il vous plaît, pourriez-vous m'indiquer le chemin pour aller… ?

MO PA KA TRAPÉ MO CHIMEN.
(Je ne retrouve plus mon chemin.)

bar	au bar
siléma	au cinéma
légliz	à l'église
laro fò	au fort Cépérou
marché / dégra	au marché
mizé kiltir-a	au musée des cultures
Zamandyé	place des Amandiers
lapòs	à la poste

Notez que la préposition française "à, au, aux", ne se traduit pas en créole pour la localisation. On dira :

I alé siléma / i alé légliz.
il aller cinéma / il aller l'église
Il est allé au cinéma / il est allé à l'église.

A ! A pa anyen ! A ! A tchika ! / A ! A pòkò dilo pou mouyé mo !
ah ! c'est pas rien ! ah ! c'est rien ! / ah ! c'est pas de-l'eau pour mouiller moi
Ah, c'est facile !

Yen ki maché tou drèt jouk koté dé lari-a ka krwazé / koupé,
rien que marcher tout droit jusque côté deux la-rue-la [présent] croiser / couper
Il vous suffit d'avancer tout droit jusqu'au prochain croisement,

la, ou ka tounen agoch, ou rivé.
là, vous [présent] tourner à-gauche, vous arrivez
là, vous tournez à gauche et vous y êtes.

adrèt	à droite	**dèyè**	derrière
agoch	à gauche	**divan**	devant
anba	en bas	**koté**	chez
andidan	à l'intérieur	**laro**	en haut
an mitan	au milieu	**oun kalfou**	un carrefour
tou drèt	tout droit	**tounen**	tournez
asou	sur		

Grémési.
grand merci
Merci beaucoup.

Plus de 65 % de la population guyanaise vit à Cayenne. Et pour cause, tout y est : les principaux commerces et l'administration, le centre universitaire… Certains responsables politiques avaient même envisagé de construire une nouvelle capitale en pleine forêt amazonienne, à Saül, comme chez le voisin brésilien.

Quand vous avez entrepris cette promenade à pied à travers la ville, vos pas vous ont conduit au hasard,

oun moman agoch
un moment à-gauche
parfois à gauche,

karanntrwa

ounòt moman adrèt.
un-autre moment à-droite
d'autres fois à droite.

À présent,

ou ja las tounen an ron,
vous déjà las tourner en rond
vous êtes fatigué de tourner en rond.

Machinalement, vous regardez votre montre, et vous vous dites :

Ki lèr i fika ?
quelle heure il être
Quelle heure est-il ?

I ja midi !
il déjà midi
Il est déjà midi !

Vous commencez à ressentir les effets du décalage horaire !

Vous êtes entre le rêve et la réalité lorsque vous vous retrouvez devant une place de trois hectares, plantée d'immenses palmistes – **pyé palmis** (litt. "pieds palmistes") – un genre de palmiers : c'est la place… des Palmistes ! Depuis 1999, cet espace est classé monument historique.

PROMENADE DANS LE TEMPS

Un peu d'histoire

Votre imaginaire remonte le temps, et en voulant vous rafraîchir avec l'eau de la fontaine Merlet (détruite en 1957), vous découvrez un **maskilili** – sorte de petit diablotin-farceur qui vous enlève et vous entraîne à travers l'histoire…

Cayenne au XVIIIe siècle compte à peine deux cents **kaz**, maisons couvertes de feuilles de palmier, dans des rues tortueuses.

En 1789, à cet emplacement, une grande pelouse couvrait une surface de plus de trois hectares. On la nommait **gran savann**, *grande savane*, puis **lasavann**, *la Savane*… Vous vous retrouvez sur le marché appelé **lalavansé**, situé près d'un poste avancé rempli de militaires ; Cayenne en ce temps-là est une ville entourée de fortifications en terre. Mais déjà l'image s'estompe, et en un clin d'œil, cette place devient la place de l'Esplanade. Vous croisez alors des troupeaux de moutons et de cabris qui viennent et paître, puis le lieu se transforme en un jardin anglais où poussent des **pyé tamaren**, *tamariniers*. En 1834, les tamariniers sont remplacés par 456 palmiers royaux des Caraïbes. C'est alors qu'elle prend le nom de **Lapalmis**, *place des Palmistes*.

Quatorze ans plus tard, vous entendez la voix du gouverneur Pariset prononcer, en langue créole, ces mots gravés dans l'histoire :

> "Andan dé ou trwa simenn, lèsklavaj ké fini Lagwiyàn…"
> dans deux ou trois semaines, l'esclavage [futur] finir la-Guyane
> "Dans deux ou trois semaines, l'esclavage sera aboli en Guyane…"

Il s'agit de l'annonce de l'abolition de l'esclavage de 1848. La place a enfin trouvé sa vocation : c'est un lieu de réjouissances publiques. On y organise des bals champêtres, la fête du 14 juillet, l'anniversaire en juillet de Victor Schoelcher (1804-1893), homme politique français, à l'origine du décret sur l'abolition de l'esclavage adopté le 27 avril 1848, puis celle du 15 octobre – fête de Cayenne –, des défilés militaires, des concours d'élégance automobile, etc.

Le **maskilili** vous libère un siècle et demi plus tard…

barak-ya	les baraques
konkour-a/oun konkour	un concours
drivé	flâner
drivayò-a	un flâneur
oun moun ka bay lari chenn	une personne qui traîne
une personne [présent] donner la-rue chaîne	dans les rues
patché moun-yan	la foule
chouval bwa-a	un manège
militèr, soda	militaire, soldat
oun loratèr	un orateur
pyé palmis-a	un palmiste
pyé tamaren-yan	des/les tamariniers

Sur les traces des bagnes

Si à l'extérieur, la Guyane est connue pour son bagne – on devrait d'ailleurs dire "ses" bagnes – en Guyane même, les traces du bagne ne suscitent pas d'écho affectif particulier !
La présence des bagnes fait partie du passé traumatisant de la Guyane, un passé qui lui a été imposé de force, les Guyanais n'ayant jamais souhaité faire de leur terre un lieu de détention des repris de justice.
Durant des décennies, les Guyanais se sont complètement détournés des bagnes. Peu de bagnards ont fait souche, les bâtiments, les témoignages architecturaux sont longtemps restés à la merci des intempéries, menaçant les derniers vestiges témoins de la réalité des bagnes. Aujourd'hui, un processus de conservation s'est mis en place pour démarrer des travaux de réhabilitation de ce site sans le dénaturer.

vyé blan	ancien forçat
pòpòt	bagnard
pòpòt maron	bagnard évadé
bangn	bagne
chanm lajòl	cellule
larout bangn-an	la route des bagnes

nèg lajòl	prisonnier
kartché disiplinèr	quartier disciplinaire
chapé	s'évader

Quatre ans à peine après 1848, date de l'abolition de l'esclavage, la population guyanaise voit débarquer un nouveau groupe de déportés : les bagnards. Les mémoires portent encore les traces de la période esclavagiste, et ces nouveaux arrivants donnent la désagréable impression que la Guyane devient une sorte de dépotoir, un territoire où l'on regroupe les gens que l'on considère comme les pires criminels. Cela explique qu'aujourd'hui encore, les Guyanais n'aiment pas évoquer la période du bagne. Si vous abordez le sujet, il ne serait pas étonnant qu'on vous réponde :

Mo pa lé tandé palé di sa !
je pas vouloir entendre parler de ça
Je ne veux pas entendre parler de cela !

Sa rèd pou mo tandé sa !
être dur pour je entendre ça
C'est trop difficile à entendre !

Sa rèd pou mo palé di sa...
être dur pour je parler de ça
C'est douloureux pour moi d'en parler...

mo té ké kontan si sa pa té janmen rivé nou !
je [conditionnel] content si ça [pl.-q.-pft] jamais arriver nous
J'aimerais que ça ne se soit jamais passé !

Pourtant, il n'est pas objectivement pensable d'évoquer la Guyane sans mentionner les bagnes !

Une constante dans l'histoire de la Guyane : l'administration coloniale française a eu du mal à peupler et mettre en valeur

karannsèt

la Guyane. D'ailleurs, en 1763 déjà, le ministre de la Marine envoie 12 000 Européens en Guyane, mais 7 000 d'entre eux ne survivent pas aux maladies tropicales (paludisme, fièvre jaune) ni à la dysenterie. Toujours dans ce souci de "peupler" la Guyane, bien qu'une grande partie des Européens meure, le gouvernement décide alors d'ouvrir le bagne en Guyane avec le double objectif de débarrasser les villes portuaires de Brest, Rochefort et Toulon, de leurs établissements et de les déplacer vers la Guyane, et d'autre part, de constituer une colonie de peuplement d'origine européenne.

Trois îlets, l'île du Diable, l'île Saint-Joseph et l'île Royale – la plus grande, qui s'étend sur 21 kilomètres –, forment les "îles du Salut", situées à seulement 15 kilomètres de Kourou. Aujourd'hui, seule l'île Royale peut accueillir des visiteurs, puisque, depuis 1971, les autres îles du Salut sont la propriété du C.N.E.S. – Centre National d'Études Spatiales – et que leur accès est très contrôlé. C'est sur l'île Royale que se trouvait l'État-major du pénitencier, l'hôpital militaire du personnel, la maison du commandant, aujourd'hui transformée en salle d'exposition permanente, et les cellules des prisonniers de droit commun, mais aussi la boulangerie et la case des douaniers. C'est ici également que le bagnard Francis Lagrange a peint les murs de la chapelle de l'île, en représentant notamment les anges sous les traits de bagnards. Ce peintre de talent, très cultivé, avait été condamné aux travaux forcés pour contrefaçon de billets de banque. Toutefois son séjour au bagne n'a pas arrêté son activité artistique !

Au milieu d'une forêt de ruines, pousse une végétation verdoyante, paradis des agoutis et des iguanes. C'est votre première rencontre avec les vestiges du Bagne. En reprenant la navette qui vous conduira à Kourou, vous apercevrez la tour Dreyfus qui surplombe la route des bagnes.

Engagé sur la RN1, vous faites une première halte à **Iracubo** (*Yakoubo*). C'est ici que le bagnard Pierre Huguet a peint plus de 600 m² des murs de la petite église Saint-Joseph. Sur les boiseries et marqueteries, une fresque recouvre de scènes religieuses, dans un style naïf, le plafond, les murs et les colonnes. Depuis 1978, cette église est classée "monument historique" ; elle mérite incontestablement le détour.

À Saint-Laurent, **Sen Loran**, autre étape de la route des bagnes, vous pouvez visiter l'hôpital construit en 1906, le camp de Transportation, et surtout le quartier disciplinaire réservé aux bagnards ayant tenté de s'évader. C'est en 1854 que les bagnards bâtissent la ville de Saint-Laurent pour les besoins du Bagne. Jusqu'en 1938, la seule liaison entre la métropole et Saint-Laurent était assurée par deux navires : *L'Orme* et *La Martinière*.

Aujourd'hui, dans ces rues à angles droits, la population des deux rives du Maroni anime le marché que vous traversez avant de passer sur le haut Sinnamary à la recherche du camp appelé "Saut Tigre".

Du **bangn Ananmit-ya**, *bagne des Annamites*, créé en 1931, il ne reste plus que quelques ruines de cachots recouvertes de végétation. La majorité des 525 déportés d'Annam, actuel Vietnam, a été décimée par les mauvais traitements et par la maladie…

Après cette incursion dans l'histoire de la Guyane, brève certes, mais s'attachant aux moments qui ont profondément marqué le passé guyanais, vous reprenez votre escapade, tiraillé par la curiosité et la soif de pénétrer un peu plus l'âme et les richesses de ce pays.

EN VILLE

La nature en ville

Vous éprouvez le besoin d'ordonner les connaissances nouvellement acquises. Après avoir consulté les horaires d'ouverture du musée Franconie qui jouxte la bibliothèque du même nom, vous programmez une visite. C'est l'occasion pour vous de faire un tour d'horizon de la Guyane : dans un même espace, vous passerez de la faune à la flore, de l'ethnographie à l'histoire… Bref, de quoi vous armer pour aborder le terrain réel. Aussi, quand vous entendrez chanter un bleuet gris ou bleu, un **ti-lwi**, *petit-louis*, à moins que ce ne soit un **kikivi**, qui chante son nom, vous saurez à quoi ressemblent ces oiseaux, car à Cayenne, la nature s'impose même quand la ville implante ses murs.

Voici un peu de vocabulaire de la faune…

bléyè gri ou blé	bleuet gris ou bleu
chyen	chien
ti-lwi	petit-louis
kikivi	quiquivi
zozo-a / -ya	un oiseau, les oiseaux

… et de la flore que vous trouverez en ville :

pyé korosol	corossollier
pyé friyapen	fruit à pain
pyé mang	manguier
pyé piman	piment
pyé ponm kannèl	pommier cannelle

Vous remarquez que les arbres poussent partout où une parcelle de terre laisse germer une graine.

Dipi oun ti-zozo lagé oun grenn asou oun ti-moso latè, oun pyébwa pouvé pousé.
Dès qu'un petit oiseau lâche une graine sur un petit
morceau de terre, un arbre peut pousser.

A ki ti-zozo mo ka tandé chanté la ?
c'est quel petit-oiseau je [présent] entendre chanter là
Quel est cet oiseau que l'on entend chanter ?

A kousidiré nou té an gran yanman ké tout patché gran pyébwa-ya.
c'est comme-si nous [pl.-q.-pft] en grande forêt avec tout paquet grand pieds-bois-les
On se croirait en pleine nature avec tous ces arbres.

Fout sa jòlòt, mo pa té janmen wè sa !
fiche être mignon, je pas [pl.-q.-pft] jamais voir ça
C'est vraiment très beau, je n'ai jamais rien vu de pareil !

An mitan bèt-ya ké plant-yan ; isi-a chwit toubònman !
au milieu bêtes-les avec plantes-les, ici-c'est très-bon tout-bonnement
Il fait bon vivre ici, au milieu des bêtes et des plantes !

A KI TI-ZOZO MO KA TANDÉ CHANTÉ LA ?
(Quel est cet oiseau que l'on entend chanter ?)

Les oiseaux, **zozo-ya**, ne se sont pas rendu compte que la forêt s'était arrêtée là. Ainsi, ils volent de cour en cour, d'une maison créole à l'autre, et chantent dès l'apparition des premiers rayons du soleil – **opipirit chantan** (litt. "aux-premiers-rayons chantant") – avec une telle régularité que vous pouvez vous passer de votre réveille-matin. Les **kòk**, *coqs*, eux aussi chantent en plein jour tels des troubadours.

Les maisons créoles

Vous avez compris que **lari Kayenn-yan**, *les rues de Cayenne*, forment le quadrillage d'un vaste damier. Prenez le temps de vous arrêter devant les vieilles *cases créoles*, **kaz kréyòl**.
Elles disposent souvent d'une cour assez vaste où se trouvent les dépendances (cuisine, salle de bains, WC). Même en plein centre-ville, les arbres fruitiers abondent dans ces cours : pommiers cannelle, cerisiers, citronniers, avocatiers, papayers, de nombreuses variétés de mangues (**mang senmichèl**, la "Saint-Michel", filandreuse, **mang améli**, la "Reine Amélie", parfumée, **mang pèrsinèt**, la "Freycinet", sucrée, **mang jili**, la juteuse "Julie", **mang sabo**, la savoureuse "sabot" …). Au rez-de-chaussée, vous trouverez toujours une double fermeture : un contrevent en bois massif assure la protection de la maison et une porte battante couvre les deux-tiers de la porte d'entrée. Le bas de la porte battante est en bois plein, la partie supérieure se compose de persiennes ou de croisillons en bois. L'alizé circule donc librement à travers la maison, tandis que les rayons du soleil sont filtrés. C'est aussi un lieu idéal pour observer sans être vu. Le toit est généralement recouvert de feuilles de tôle.

pèrsyèn	des persiennes
bibiyotèk-a	la bibliothèque
chèz-a	la chaise
lakou-a	la cour

lakwizin-an	la cuisine
salamanjé-a	la salle à manger
lavésèl-a	la vaisselle
abavan-a	la véranda
fotéy-a	le fauteuil
galta ou **laro grenyen-an**	le grenier
salon-an	le salon
chanm-yan	les chambres
oun zizimtolé	un lit à colonnes
oun bèrséz	un rocking-chair
oun lafinèt	une fenêtre
oun kaz kréyòl otéba	une maison créole à étage

Pour les commodités, reportez-vous à la rubrique *Se loger*.

Panga pandriyò-ya ka djété dèyè yé pèrsyèn !
attention oisifs-les [présent] surveiller derrière leurs persiennes
Méfie-toi des oisifs qui peuvent t'observer derrière leurs persiennes !

A pa ti sigré ki séré annan sa galta-a !
c'est pas petit secret qui cacher dans ce grenier-le
Que de secrets dans ce grenier !

Jodla, nou ké manjé asou abavan.
aujourd'hui, nous [futur] manger sur véranda
Aujourd'hui, on va manger sur la véranda.

Sa, a oun bibiyotèk grangrèk !
ça, c'est une bibliothèque grand-grec
Ça, c'est une bibliothèque d'intellos !

après manjé, mo ké alé pozé mokò annan oun bèrséz-a.
après manger, je [futur] aller poser mon-corps dans une berceuse-la
Après le déjeuner, j'irai me détendre dans le rocking-chair.

senkanntrwa

LES ACHATS

Si vous comptiez ramener dans vos bagages un tableau composé des ailes bleu électrique du papillon *morpho* ou des bouquets de plumes d'ibis rouges et de flamands roses, sachez que ces espèces sont désormais protégées. Réjouissez-vous de cette démarche de préservation, et achetez plutôt des vanneries amérindiennes (elles sont magnifiques) ou encore des objets en bois dans l'une des nombreuses boutiques de souvenirs. Vous y trouverez en effet des objets fabriqués par les artisans **Businengé**, aussi nombreux que variés, allant du coupe-papier à la pendule murale… Mais la Guyane est aussi le pays de l'or. L'une des spécialités des orfèvres est le bijou travaillé en filigrane. Peut-être vous laisserez-vous tenter par la traditionnelle pépite d'or… Certes, votre choix peut aussi se porter sur l'achat d'un hamac. En tout cas, sachez qu'il n'est pas d'usage de marchander.

achté	acheter
soumaké	argent
biyé	billets
bonmarché	bon marché
pou bon tchò	gratuit
magazen souvénir	boutique de souvenirs
kart labank	carte bancaire
chèk	chèque
chè, cho	cher
kouté	coûter
san anyen	fauché
magazen	magasin
lanmonnen	monnaie
ti-lanmonnen	pièces jaunes
pri	prix
randé	rembourser
vandé	vendre

Bonjou mouché, mo lé achté oun anmak, kyakèl mo pouvé pran ?
bonjour monsieur, je vouloir acheter un hamac, lequel je pouvoir prendre
Bonjour monsieur, je veux acheter un hamac, lequel puis-je choisir ?

Mo ka vandé anmak pou tout moun.
je [présent] vendre hamacs pour toute personne
J'ai des hamacs pour toutes les bourses.

Si ou pòch ka koulé laglas,
si votre poche [présent] couler la-glace
Si vous êtes fauché,

miyò ou chwézi sala-a.
mieux vous choisir celui-là
mieux vaut choisir celui-là.

I pa gen gran zafè, men i pa chè.
il pas avoir grand affaire, mais il pas cher
Il ne paie pas de mine, mais il n'est pas cher.

Mo lé alé anba danbwa ké li.
je vouloir aller dans au-fond-des-bois avec lui
Je veux l'emporter en forêt.

An ! A sa ou té divèt di mo.
ah ! c'est ça vous [pl.-q.-pft] devoir dire moi
Ah ! C'est ce qu'il fallait me dire.

Si ou lé oun anmak pou sigalé, pozé ou tèt apré manjé,
si vous vouloir un hamac pour sommeiller, poser votre tête après manger
Si vous voulez un hamac juste pour faire la sieste après manger,

a pa menm bèt si ou lé monté laro danbwa ké li.
c'est pas même bête si vous vouloir monter là-haut dans-bois avec lui
ce n'est pas le même usage que si vous dormez en forêt.

senkannsenk 55

Mo krè, mo kontan sala-a, ès i bon ?
je croire, je aimer celui-ci, est-ce-que il bon
Je crois que celui-ci me plaît, peut-il convenir ?

Enren mofi, a oun konran pou pran pas i vayan, i byen solid.
oui mon-fils, c'est un comme-ça pour prendre pas il vaillant, il bien solide
Oui mon cher, c'en est un comme cela qu'il vous faut ; il est solide.

BOIRE ET MANGER

Après toutes ces aventures, il est impératif de se sustenter. Vous avez du mal à contenir votre faim et comme dit le proverbe guyanais :

Sak vid pa ka tchenbé dibout !
sac vide pas [présent] tenir debout
Un sac vide ne peut tenir debout !

Mo swèf. / Mo anvi bwè.
je soif / je envie boire
J'ai soif. / J'ai envie de boire.

Mo fen. / Mo anvi manjé.
je faim / je envie manger
J'ai faim. / J'ai envie de manger.

En Guyane, la diversité ethnique et culturelle se décline aussi dans le choix des mets. Si vous préférez la restauration rapide, vous trouverez, sur la place des Palmistes, à la tombée de la nuit, vers 18 heures, des marchands ambulants avec des spécialités indonésiennes, chinoises, laotiennes… Mais le choix est encore plus vaste si vous prenez le temps d'aller au restaurant.

MO FEN.
(J'ai faim.)

Ou ja ka filè ou lang / Ou bouch ja ka fè dilo.
vous déjà [présent] filer votre langue / votre bouche déjà [présent] faire de-l'eau
Vous salivez déjà.

Ou tro présé, ou pòkò wè anyen !
vous trop pressé, vous pas-encore voir rien
Ne soyez pas impatient, vous n'avez pas encore tout vu !

En restauration rapide, les petits établissements proposent de délicieux sandwiches au poulet boukané à des prix abordables. Mais après 14 heures, vous avez peu de chance d'être servi !

Au restaurant

Quelques phrases utiles :

Mo soti rivé, mo té ké lé ou fè mo gouté oun bagaj chwit…
je sortir arriver, je [conditionnel] vouloir vous faire moi goûter un bagage bon
Je viens d'arriver, je souhaiterais découvrir une de vos spécialités…

Mo ounso. Ès ou gen oun tab pou mo, souplé ?
je un-seul. est-ce-que vous avoir une table pour moi, s'il-vous-plaît
Je suis tout seul. Auriez-vous une table pour moi, s'il vous plaît ?

Nou a dé. Ès ou gen oun tab pou nou, souplé ?
nous à deux. est-ce-que vous avoir une table pour nous, s'il-vous-plaît
Nous sommes deux. Auriez-vous une table pour nous, s'il vous plaît ?

Sa ou gen di bon ?
ça vous avoir de bon
Qu'est-ce que vous proposez de bon ?

Pou zafé bwè a, kisa ki té ké fè'w plézi ?
pour affaire boire, quoi qui [conditionnel] faire-toi plaisir
Et pour boire, qu'est-ce qui vous ferait plaisir ?

Mo té ké kontan ou bay mo sa ou gen pou manjé.
je [conditionnel] content vous donner je ça vous avoir pour manger.
J'aimerais que vous me donniez le menu.

Sa soupé-a té chwit toubònman !
ce souper-le [pl.-q.-pft] très-bon tout-bonnement
Ce dîner était excellent !

Sa soupé-a a té koupé dwèt !
ce souper-le [pl.-q.-pft] couper doigt
Ce dîner était succulent !

Bay-mo adisyon-an, souplé !
donnez-moi addition-l', s'il-vous-plaît
L'addition, s'il vous plaît !

La cuisine guyanaise

Pour plus d'informations, rendez-vous à la rubrique *Au marché*.

Les plats guyanais

Les odeurs d'épices, qui abondent dans la cuisine créole, vous mettent déjà l'eau à la bouche. De manière générale, qu'il s'agisse de la chair des gibiers ou de la chair (limon) des poissons, elle a du caractère. Elle nécessite une longue macération. La saveur dépendra du doigté du cuisinier qui aura bien dosé les ingrédients de la marinade pour que subsistent à la fois le goût "sauvage" et le fumet qui les identifient.

Quant à la composante principale de votre repas, vous n'aurez que l'embarras du choix entre viandes et poissons.

agouti	rongeur de la taille d'un lapin
akouchi	rongeur un peu plus gros
kapyay ou **kochon dilo**	cabiai, cochon d'eau (gros rongeur ressemblant un peu à un sanglier)
kayakou	chevreuil
kochon bwa	cochon sauvage - pécari
maypouri	tapir (peut atteindre jusqu'à 300 kg)
milé	mulet (poisson)
oko	coq au plumage sombre
pak	rongeur trapu, bas sur pattes
pakira	sanglier
pwéson / poson	poisson
réken	requin
tatou	animal recouvert d'une carapace
tig rouj	puma
vyann bwa	gibier
vyèy	mérou

Bien évidemment, les noms des poissons que l'on trouve en Guyane n'ont pas tous d'équivalent en français. Aussi les avons-nous classés par catégories. Commençons par les poissons de mer à écailles :

l'**akoupa** (poisson à chair ferme et très fine), le **kroupya,** le **palika** ou *tarpon*, gros poisson recherché pour ses écailles, le **parasi**. Poursuivons avec les poissons de limon de mer : le **machwaran blan**, ou **machwaran jòn**, poisson à la peau sans écailles qui porte trois paires de barbillons ; le jaune est le plus apprécié pour sa chair ; le **tidjòl**.

Parmi les poissons d'eau douce ou de limon d'eau douce, on trouve le **gorè**, le **kouman kouman**, poisson à la tête aplatie pouvant atteindre 55 cm, le **pasani**, qui est un petit mulet, le **pousisi**, ou *silure*, poisson à six barbillons et tête plate pouvant être assez agressif.

Enfin, terminons avec les poissons de savane : l'**aymara** (poisson carnivore pouvant atteindre 1 mètre et peser jusqu'à 40 kg), présent dans tous les fleuves et rivières de Guyane, le **koumarou**, cousin de l'aymara, mais beaucoup plus petit, le **koulan**, sorte de poisson-chat, l'**atipa**, poisson à carapace, datant de l'ère préhistorique, le **patagay** et le **prapra**, poisson à écailles des eaux douces.

Revenons à la viande : avant de la faire roussir, celle-ci est toujours bien marinée avec de l'échalote, de l'ail, du persil, de la ciboulette, du sel et du poivre…

lay	ail
zonyon péyi	cive ou ciboulette
zonyon	oignon
pèrsil	persil
pwèv	poivre
disèl	sel

Manjé Lagwiyàn gen gou !
La cuisine guyanaise a beaucoup de goût !

MANJÉ LAGWIYÀN GEN GOU !
(La cuisine guyanaise a beaucoup de goût !)

Li mèt pou ranjé manjé ké zépis / Ranjé manjé ké zépis a sopa ; bay li sa.
il/elle maître pour arranger manger avec épices / arranger manger avec épices c'est sa-part ; donne lui ça
Elle marie les saveurs avec finesse, reconnais-le.

Mo anvi gouté ou…
J'aimerais beaucoup goûter au fameux…

Vous avez raison, puisque vous êtes en Guyane, ne manquez pas de découvrir des plats que vous trouverez difficilement ailleurs :
– Les **shrimp**, grosses crevettes de mer ; variétés de gambas à la chair ferme, avec lesquelles on fait des **boulèt chévrèt,** *boulettes de crevettes*. Il s'agit d'une friture de chair de crevettes mélangée à une pâte à acras bien épicée. Elles se dégustent avec un petit vin blanc bien frais.

– La **frikasé agouti**, *fricassée d'agouti* ; le goût faisandé de la chair de ce petit rongeur est agrémenté des saveurs d'épices d'une longue marinade de plus de 24 heures.

– Le **kolombo**, *colombo* ; plat de légumes (aubergine, pomme de terre, haricots verts, **masisi** – petit concombre) au goût piquant et au curry. Le **kolonbo** peut être à base de poisson (**atipa**, par exemple), ou de porc. Il se marie très bien au **sorosi** – un fruit à la saveur amère qui rappelle, par son aspect, le concombre – et a un zeste d'acidité, procuré soit par du **bélenbi** – sorte de gros cornichon –, soit par une mangue verte.

– Le **poulé boukannen**, *poulet boucané* ; poulet fumé qui conserve l'arôme de sa marinade, mais aussi le parfum de la citronnelle et de la canne à sucre qui sont mélangés à la braise pour l'enfumer.

• Si vous préférez le poisson, ne ratez pas une "pimentade" ! C'est un coulis de tomates enrichi de la marinade très pimentée du poisson qui l'accompagnera. Ainsi, goûtez donc à la **pimantad tidjòl**, *pimentade de "petite gueule"*, ou à la **pimantad atipa ké dilèt koko**, *pimentade d'atipa au lait de coco*, plus recherchée. Toute la finesse de la chair dépendra de la préparation du poisson.

Pour accompagner vos plats, vous aurez le choix entre le **kwak**, *couac* – du manioc en petits grains qui a un peu l'aspect de la semoule –, et le **douri**, *le riz*. Ce dernier est toujours blanc, parfumé, aux grains longs. Trois modes de préparation s'offrent à vous : **patapata**, c'est-à-dire cuit avec beaucoup d'eau, **gra** – cuit avec du saindoux – ou **grennen**, ferme et bien détaché.

Les pâtisseries

Enfin, il vous faut bien achever le repas par une note sucrée ! Si vous avez encore un peu de place, ne partez pas sans goûter à une pâtisserie locale. Certains restaurants en proposent ; sinon, rendez-vous dans une pâtisserie-salon de thé réputée de la ville. Succombez donc au charme des desserts guyanais et savourez le mystère de leur nom : **krétik**, **ramiken**.

Découvrez l'"œuf de mulet", **dizé milé**, un cornet de pâte à choux fourré à la crème pâtissière, ou laissez-vous séduire par une **kontès**, "comtesse", un petit sablé rond et dentelé qui fond dans la bouche. Dégustez aussi une **zòrè milat**, "oreille de mulâtre", une délicieuse confiture de goyaves. Ne manquez pas le **dokonon**, une pâte à base de bananes jaunes, de farine de maïs et de lait de coco, parfumée d'un zeste de citron vert, de vanille, de cannelle, d'essence d'amandes amères, enroulée dans une feuille végétale (**arouman** ou **balourou**), et ficelée pour être cuite à la vapeur. Quant à **lanmou chinwa**, "l'amour chinois", nous vous laissons le soin de le découvrir vous-même…

Si vous aimez confectionner vos plats vous-même, vous pouvez trouver tous les ingrédients nécessaires au marché. Les marchés sont des lieux très vivants, intéressants, pleins de couleurs et d'odeurs. Prenez le temps d'y faire un tour.

> **Pran ou sak, annou alé.**
> prendre votre sac, allons aller
> Prenez votre cabas, on y va !

Au marché

À Cayenne, quand on va au marché, on dit qu'on va **anba dégra**, *sous le port*. D'habitude, le mot **dégra** désigne un port ou un débarcadère de pirogue. L'utilisation de ce terme pour Cayenne tient sans doute à sa proximité avec le canal Laussat, voie fluviale qui reliait la ville de Cayenne aux communes, avant le développement du réseau routier.

Votre attention est retenue par des chiffres écrits à la main et qui épousent les ondulations du morceau de carton grossièrement déchiré avant d'être déposé sur le tas de fruits. Il s'agit bien entendu du prix. Surtout n'oubliez pas la règle d'or de votre voyage en Guyane : n'engagez jamais la moindre discussion sans avoir salué la vendeuse ou, plus rarement, le vendeur – **Bonjou mouché/madanm**, *Bonjour monsieur/madame*.

Souplé, di mo… / ba mo… / montré mo…
S'il vous plaît, dites-moi… / donnez-moi… / montrez-moi…

- **Petite conversation**

    Bonjou madanm, konmyen ou ka vandé nannan-an ?
    bonjour madame, combien vous [présent] vendre ananas-les
    Bonjour madame, à combien vendez-vous les ananas ?

    Bonjou (mouché/madanm) mo…
    bonjour (monsieur/madame) moi
    Bonjour (monsieur/madame)…

    … mo ka vandé oun nannan dé éro.
    je [présent] vendre un ananas deux euros
    … moi, je vends un ananas deux euros.

    Mé si ou ka pran trwa…
    mais si vous [présent] prendre trois
    Mais si vous en prenez trois…

    … mo ka fè'w oun ti-pri, ès ou dakò ?
    je [présent] faire-vous un petit-prix, est-ce que vous d'accord
    … je vous ferai un petit prix, (êtes-vous) d'accord ?

    Mo dakò si i chwit !
    je d'accord si il bon
    Je suis d'accord s'il est bon !

Gouté oun ti moso, ou ké wè, a koupé dwèt !
goûtez un petit morceau, vous [futur] voir, c'est couper doigt
Goûtez-en un petit morceau, vous verrez, c'est à vous lécher les doigts !

Votre regard se pose sur des boules rouges et poilues. Vous interrogez la marchande :

A ki sa, sa bèt rouj-a ?
c'est quoi ça, cette bête rouge-la
Qu'est-ce que c'est, ces choses rouges ?

A sa frwi-a, nou ka aplé ranboutan.
c'est ça fruit-le nous [présent] appeler ramboutan
C'est ce fruit-là qu'on appelle ramboutan.

Ce fruit en grappes porte d'ailleurs bien son nom, car "rambut", en malais, signifie *cheveux* ! En y goûtant, la pulpe blanchâtre vous rappellera celle du litchi…

Vous vous trouvez mêlé à la foule de ce samedi, l'un des trois jours du marché de Cayenne – les deux autres étant le mercredi et le vendredi. Clients et commerçants se sont donné rendez-vous dans ce quartier de la place du Coq. Les étals entourent le marché couvert construit en 1910.

• Les fruits

Avec ses 27 °C de moyenne, la Guyane est le pays des **sòrbé**, *sorbets*, toute l'année. Il n'est pas un fruit qui n'entre dans leurs parfums. Vous connaissez déjà peut-être l'ananas et la mangue, il est temps pour vous de découvrir d'autres parfums :

– **gouyav**, *goyave*. Fruit de la taille d'un citron, à la peau fine de couleur verte à jaune à maturité ; sa pulpe rose est sucrée et très odorante.

– **kénèt**, *quénette*. Petit fruit en grappe dont l'enveloppe verte cache une chair légèrement acide et dont le noyau est gros comme une bille.
– **koko alo**, *coco vert*. À maturité, la noix est recouverte d'une enveloppe verte qui cache des fibres compactes ; à l'intérieur, une eau douce et agréable est entourée d'une crème fine et délicate.
– **koko sèk**, *coco sec*. Nom qu'il prend quand il vieillit. Débarrassée de son enveloppe fibreuse, la noix de couleur brune a durci, la chair s'épaissit et devient consistante. Râpée, on peut extraire son lait pour en faire du sorbet.
– **komou**, *comou*. Contient des graines lisses de couleur violette. Sa liqueur est exquise !
– **korosòl**, *corossol*. Fruit vert de forme ovale à la peau hérissée de pointes souples. Sa pulpe est blanche et fibreuse, et renferme une multitude de graines noires.
– **mang**, *mangue*. Fruit charnu de forme et de couleur variées entre le vert et le rouge ; sa peau, à la robe unie ou tachetée, est lisse et épaisse. Sa chair, jaune, filandreuse et juteuse, enveloppe un noyau.
– **maripa**, *maripa*. Fruit du palmier ; ses grappes sont composées de graines ovales et brunes.
– **papay**, *papaye*. Fruit de forme souvent allongée, de couleur verte à orangée. À maturité, il contient une chair orangée et de nombreuses graines noires enveloppées de fines membranes transparentes.
– **ponm kajou**, *pomme cajou, anacardier*. Fruit composé de deux parties : une pomme de couleur jaune ou rouge, juteuse et au goût légèrement aqueux, et une noix qui renferme une amande.
– **ponm kannèl**, *pomme cannelle*. Fruit de couleur vert jaunâtre, à la chair blanche. La carapace de ce fruit comporte de nombreuses bosses qui s'écartent à maturité.
– **ponm lyann / marakoudja / kouzou**, *fruit de la passion*.
– **ponm-sitè**, *pomme de cythère*.
– **sapoti**, *sapotille*.

– **sériz-péyi**, *cerise* (contenant un noyau souple).
– **sirèt**, *surette* (petite pomme très juteuse riche en vitamine C).
– **nannan**, *ananas*.

• **Les légumes**

Parmi les *légumes* à cuisiner, **légim**, vous n'aurez que l'embarras du choix entre les légumes-feuilles, les racines, les tubercules :
– **ariko chinwa**, haricot vert très long et fin.
– **friyapen**, *fruit à pain*. Ce légume, autrefois base de la nourriture des esclaves, est un légume-fruit, vert-jaune, de forme ovoïde.
– **jiromon**, *giraumon* : autre nom de la citrouille.
– **karòt**, *carotte*.
– **konkonm lonj**, concombre allongé, vert clair, à la peau lisse.
– **konkonm pikan / ti kokonm**, concombre piquant, vert clair. Sa forme est ovale et hérissée de petites pointes souples.
– **obèrjin**, *aubergine*.
– **sorosi**, *sorossi*. Légume rouge quand il est mûr.
– **zépina péyi**, épinard.

Et parmi les tubercules…
– **dachin** ou **chouchin**, *dachine* ou *taro*. Sa couleur est terre foncée.
– **kranmannyòk/mannyòk dou**, *cramanioc*. Il rappelle le goût du salsifis.
– **yanm**, *igname* blanche ou mauve ; tubercule d'une plante grimpante.
– **patat dous**, *patate douce*. Sa peau est rosâtre et un peu violacée ; elle est de forme ovale et irrégulière, plus grosse que la pomme de terre ; sa chair est ferme avant la cuisson, mais devient tendre une fois cuisinée. La patate douce a la réputation d'éviter l'apparition des varices, grâce à des substances qui fluidifient le sang… Elle se cuisine comme la pomme de terre.

Il existe plusieurs variétés de **yanm**, *ignames* : **yanm endjen**, *igname indienne*, appelée aussi *igname violette* ; **yanm kaplaou**, *igname kaplaou, igname blanche*, et **yanm jòn**, *l'igname jaune*.

Autre légume très consommé en Guyane, **manyòk-a**, *le manioc*. C'est la plante vivrière par excellence. De sa racine tubérisée, on tire plusieurs produits alimentaires, tels que le **kwak**, *couac*, dont l'aspect est comparable à la semoule, mais aussi la galette de manioc appellée **kasav**, qui est le pain traditionnel de la Guyane, ou le **sispa**, une petite galette à base d'amidon de manioc mélangé à de la noix de coco.

• **Les épices**

La structure du bâtiment central du marché couvert est constituée de poutrelles d'acier. Quand vous y pénétrez, votre nez prend le relais de vos yeux. Un cocktail d'odeurs de vanille, de cannelle, de muscade, vous guide, bien avant que votre vue ne s'adapte à la pénombre. Il vous faudra quelques instants avant de discerner au milieu de fioles de graisse de serpent – recherchée pour ses propriétés d'assouplisseur de muscles –, d'huile de ricin, purgative et fortifiante pour les cheveux, de même que de l'huile de coco, très prisée comme stimulant de la pousse des cheveux, ou d'huile de carapate, nourrissante elle aussi pour les cheveux. Parmi les flacons, vous trouverez également de l'écorce de "bois bandé", stimulant aphrodisiaque, des sachets d'épices de bois d'Inde, des clous de girofle, des plantes médicinales, pour soigner des maux physiques, mais aussi des **mennen-vini** (litt. "faire venir"), sorte de parfum de séduction. Sur un même étal se côtoient ainsi des produits alimentaires, et pour les initiés, des produits utilisés dans les pratiques cultuelles.

Les plats sont en général très relevés avec des saveurs qui conjuguent des goûts de poivre, mais aussi d'oignon, d'échalote, d'ail et de ciboulette. Pour cuisiner le poisson, privilégiez le bois d'Inde et le clou de girofle. Pour les sorbets et les pâtisseries, vos papilles apprécieront la vanille, la cannelle, la muscade et l'essence d'amande amère, **noyo**.

bwabandé	bois bandé
bwadenn	bois d'Inde
kannèl	cannelle (en écorces)
zonyon	cive
klou jiròf	clou de girofle
kari	curry
grès sèrpan	graisse de serpent
dilwil pamakristi	huile de carapate
dillwil risen	huile de ricin
rémèd kréyòl	médicament créole
miskad	muscade
koko	noix de coco
ti patché/saché zépis	petits paquets/sachets d'épices
vaniy	vanille

• **Les jus de fruits**

Tout en effectuant vos achats, vous pouvez déguster les plats préparés par les Guyanais d'origine Hmong ou goûter aux jus de fruits fraîchement pressés (garantis sans aucun additif !). Selon la saison, vous siroterez du jus de banane, du jus de cerise-pays, du jus de corossol, du jus de goyave, du jus d'orange, du jus de papaye, du jus de fruit de la passion, ou du jus à l'eau de coco frais.

> **Souplé, mo té ké lé bwè/gouté oun ji…**
> s'il-vous-plaît, je [conditionnel] vouloir boire / goûter un jus
> S'il vous plaît, j'aimerais boire/goûter un jus de…

bannann	banane
sériz	cerise-pays
korosòl	corossol

marakoudja	fruit de la passion
gouyav	goyave

Mo kontan gou dilo koko-a, i ka rafréchi !
je aimer goût eau coco-l', il [présent] rafraîchit
J'aime beaucoup le goût de l'eau de coco, c'est rafraîchissant !

A mwens ou simyè lét komou !
à moins vous préférez lait comou
Mais peut-être préférez-vous le lait de komou !

Mo pa janmen gouté/bwè/lét komou.
je pas jamais goûter / boire / lait de comou
Je n'ai jamais goûté au/bu du lait de comou.

Ou komou-a, a kisa ki rivé-l ?
votre comou-le qu'est-ce qui arrivé-lui
Qu'est il arrivé à votre comou ?

Ianmè/yèg/dous/san gou/i ka boulé…
il amer / aigre / sucré / sans goût / piquant
C'est amer/acide/sucré/fade/piquant…

Le **komou** est le fruit d'un palmier originaire du bassin amazonien. On obtient le lait de comou en plongeant les grains de comou dans de l'eau chaude pour les attendrir avant de les écraser à la main. La pâte ainsi obtenue est tamisée. Cette boisson peut-être sucrée et aromatisée. Elle se déguste chaude ou glacée, à souhait !

Mo té ké mo miyò bwè l cho/frèt.
je [conditionnel] préférer boire le chaud/froid
Je préfèrerais le boire chaud/froid.

dilo koko	eau de coco frais
ji bannann	jus de banane
ji sériz	jus de cerise-pays
ji korosòl	jus de corossol
ji marakoudja	jus de fruit de la passion
ji gouyav	jus de goyave
ji papay	jus de papaye
ji zoranj	jus d'orange
dilèt komou	lait de comou

• Les variétés de poissons

Si vous n'avez pas la témérité de vous joindre aux pêcheurs amateurs qui bravent la circulation sur le pont de la rivière de Cayenne, vous pouvez acheter votre poisson à l'emplacement du vieux port. En créole guyanais, le mot *poisson* se dit **poson** ou **pwéson**.

Le **dégra pwéson**, *marché au poisson*, s'appelle le MIR, Marché Inter-Régional. Cet édifice de 2 670 m^2 est ouvert de 7 heures 30 à 13 heures 30, du lundi au samedi et trois après-midi par semaine (mardi, jeudi et vendredi) de 16 à 19 heures. La Guyane possède plus de 430 espèces de poissons avec une façade maritime de 350 kilomètres. Vous n'aurez que l'embarras du choix !

Selon la saison, vous trouverez entre autres crustacés des **chank**, *chancres*, petits crabes de mer aux pinces redoutables, très prisés pour leur chair fine et parfumée. Vous le goûterez dans un délicieux **douri chank**, *riz au chancre*, ou dans le fameux **bouyon wara**, *bouillon d'awara*.

Très rapidement, vous vous familiariserez avec tous ces noms ! N'oublions pas le délicieux **machwaran**, *machoiran*, blanc ou jaune. Il se consomme en pimentade, en daube, en friture ou boucané. Le **karang** et le **tazar** sont plus rares. Terminons par le plus prestigieux des poissons (de savane), l'**atipa**, poisson d'eau douce à carapace qui a traversé les siècles depuis l'ère préhistorique. Il y a plusieurs variétés d'atipa, dont la plus vendue est l'**atipa bosco**.

- **Recettes de cuisine faciles à faire chez soi**

    Fèt manjé lanmenm pou lanmenm
    faire manger là-même pour là-même (faire à manger tout de suite)
    Recette rapide pour faire à manger

Par quoi commencer ? Commençons par le plus simple. Tout d'abord vous décidez de préparer une **salad kwak**, *salade de couac*. Rappelez-vous, cet aliment a l'aspect de la semoule et peut accompagner des plats très variés. Versez le **kwak**, *couac*, dans votre assiette, avant de le déguster, ajoutez un peu d'eau ou d'huile et laissez-le gonfler cinq minutes environ : on dit alors qu'on *mouille le couac*, **rozé kwak-a**. Après avoir lavé les **tomat**, *tomates*, émincez-les, et épluchez les **avoka**, *avocats*, avant de les couper en petits dés ; ensuite mélangez-les et donnez du goût avec une gousse d'ail, de l'oignon émincé, du poivre, des fines herbes. Vous obtiendrez de jolies couleurs et vos papilles gustatives seront en éveil.

Vous pouvez aussi préparer en hors-d'œuvre une salade de mangues ou une salade de pommes de cythère vertes, pas encore mûres. Pour cela, vous aurez besoin de :

kalawanng mang vèrt	salade épicée de mangues vertes
ponm sitè pa matrité	pomme de cythère pas mûre
dé kòs lay	deux gousses d'ail
oun zonyon péyi	une cive
oun moso piman	un piment coupé
oun sitron	un citron

piman kafé / piman kakarat	un piment café (rond) / "crotte de rat" (allongé), très aromatique
batoto	piment au goût très piquant

Choisissez des mangues vertes, ou des prunes, ou encore des pommes de cythère vertes, deux gousses d'ail, une cive, un peu de piment, du citron, du sel, du poivre et de l'huile. Une fois les fruits lavés, épluchez-les puis râpez-les. Mélangez-les ensuite aux épices et bien sûr au piment. Quel piment choisir ? En Guyane, il y en a une grande variété. Les plus connus sont le piment-café, la "crotte de rat", et le piment "les fesses de madame Jacques"…

En 45 minutes, vous pourrez préparer **oun pimantad ti-djòl**, *une pimentade de "petite gueule"*… "Petite gueule" est le nom du poisson, à cause de sa bouche étroite ! En fait, la "petite gueule" ou *bressou* présente des caractéristiques assez proches des machoirans !

saw bézwen	ingrédients
lay	ail
bwa denn	bois d'Inde
ten, pèrsi, zonyon-péyi oignon-pays	thym, persil, ciboulette
trwa tisitron	3 citrons verts
oun klou jiròf	1 clou de girofle
oun féy lòryé	1 feuille de laurier
dilwil	huile d'arachide
zonyon	oignon
250 g tomat	250 g de tomates

ké oun ti bwèt tomaté.
et une petite boîte tomates
et une petite boîte de concentré de tomates (qui remplace le roucou).

Anmarinen pannan 20 minit moso poson-an ké sitron...

faire mariner pendant 20 minutes morceaux poisson-les avec citron

Faire macérer pendant 20 minutes les tranches de poisson dans une marinade de jus de citron...

... disèl, lay pilé, piman, féy lòryé, féy bwa denn, klou jiròf.

de sel, ail écrasé, piment, feuille laurier, feuille bois d'Inde, clou girofle

... de sel, d'ail écrasé, de piment, de laurier, de feuille de bois d'Inde, de clou de girofle.

Fè-l rouvini annan dé kwiyé dilwil cho,

faire-le revenir dans 2 cuillères huile chaude

Faire rissoler dans 2 cuillerées d'huile chaude,

mété 250 g tomat san grenn,

mettre 250 g tomates sans graines

250 g de tomates sans pépins,

125 g zonyon koupé finfin,

125 g oignons coupés fin-fin

125 g d'oignons coupés en fines rondelles,

mété oun goblé dilo piti-pi-i ké so ten, so pèrsi, so siboul ké so lay.

mettre un gobelet de-l'eau petit-petit avec son thym, son persil, sa ciboulette et son ail

y ajouter thym, persil, ciboulette, ail écrasé, un verre d'eau (versé) par petites quantités.

Lésé tchwit asou oun ti difé jouk tan bouyi.

laisser cuire sous un petit du-feu jusqu'à temps il-[présent] bouillir

Laisser cuire à feu doux jusqu'à ébullition.

LÉSÉ TCHWIT ASOU OUN TI DIFÉ JOUK TAN BOUYI.
(Laisser cuire à feu doux jusqu'à ébullition.)

Pran prékosyon pou pozé moso machwaran jòn-yan.
prendre précaution pour poser morceaux machoiran jaune-le
Déposer délicatement les tranches de machoiran jaune.

Rozé-l ké so dilo.
arroser-le avec son de-l'eau
Ajoutez un peu de marinade.

Kouvri pou i tchwit asou oun gran difé pannan 15 minit.
couvrir pour il cuit sous un gros du-feu pendant 15 minutes
Recouvrez et faites cuire à feu vif pendant 15 minutes.

Pannan tan-an, mélanjé dilwil, sitron ké lay krazé pou.
pendant temps-là, mélanger de-l'huile, citron avec l'ail écrasé pour
Entre-temps, préparez un petit mélange d'huile, de jus de citron et de gousse d'ail écrasé.

Mété-l annan kannari-a, anvan ou tiré-l asou difé-a.
mettez-le dans marmite-la, avant vous tirez-la sur du-feu
Ajoutez-le dans la marmite avant de la retirer du feu.

swasannkenz

Et comme boisson, que diriez-vous d'une "bière d'ananas" ? Si vous laissez fermenter la pelure d'ananas dans un litre d'eau environ 48 heures, que vous aromatisez avec un zeste de citron, de la cannelle, de la muscade, de la vanille et une goutte d'essence d'amandes amères, vous obtiendrez, après l'avoir tamisée, **labyè nannan**, *une bière d'ananas*, boisson très rafraîchissante et non alcoolisée.

ÊTRE MALADE

Les excès de table, la fatigue après une longue randonnée… votre corps réagit. Vous avez des souvenirs plein la tête. Votre nuit dans le carbet, le couchage en hamac, tous les bruits de la forêt… Mais ce matin, au lever, vous avez pensé :

A pa loutou di kouri ; a konnèt séré ki mèt.
c'est pas le-tour de courir ; c'est connaître cacher qui maître
Qui veut voyager loin ménage sa monture !

Jodla mo kagou.
aujourd'hui je mal-en-point
Aujourd'hui, ça ne va pas.

Tout mo kò ka fè mo mal.
tout mon corps [présent] faire moi mal
J'ai mal partout.

Bien que la Guyane soit un département français, hors de l'agglomération de Cayenne et Kourou, les médecins se font rares… En 2001, l'Atlas des régions françaises notait 154 médecins pour 100 000 habitants !
Alors soyez prudent, ayez toujours une petite trousse d'urgence sous la main.

Bien entendu, tous les médecins parlent français. Certains utilisent avec aisance l'anglais, le portugais, l'espagnol, et bien sûr le créole. Mais pour éviter toute maladresse, demandez avant à votre interlocuteur s'il accepte d'échanger avec vous en créole. Il n'est pas aisé de faire table rase d'années de déni. En effet, rappelez-vous, pendant longtemps, les créolophones étaient snobés par les locuteurs francophones.

mo gen…	J'ai…
…kakadlo/ladidjit	…la diarrhée
…lafyèv	…de la fièvre
…mal tèt	…mal à la tête
…mal vant	…mal au ventre

aspirin	aspirine
gen bouton	avoir des boutons
gen oun lagratèl	avoir une démangeaison
dòktò-a	le médecin
irjans-yan	les urgences
lopital	l'hôpital
médikaman	médicament
pansman	pansement
tousé	tousser
oun alèrji	une allergie
oun pikir	une piqûre
oun tousé	une toux
vronmi	vomir

Ki koté ou ka soufri ?
quel côté vous [présent] souffrir
Où avez-vous mal ?

Mon anvi vronmi.
J'ai mal au cœur.

swasanndisèt

Mo ka santi mo anvi vronmi.
je [présent] sentir je envie vomir
Je sens que j'ai envie de vomir.

Mo trapé oun kakadlo/ladidjit.
je attrapé une diarrhée
J'ai la diarrhée.

Mo foulé mo chivi.
je fouler ma cheville
Je me suis tordu la cheville.

Mo blésé.
je blessé
Je me suis blessé/e.

LES PARTIES DU CORPS

anba bra	aisselles
bouch	bouche
bra	bras
lèstomak	buste, estomac, poitrine
chivé	cheveux
chivi	cheville
pwèl-wèy	cils
tchò	cœur
kò	corps
kou	cou
tchwis	cuisse
dan	dent
do pyé	dessus du pied
dwèt lanmen / pyé	doigt de la main / orteil
zépòl	épaule
gogo	fesses
divan tèt	front
boyo	intestins

janm	jambe
machwè	mâchoire
lanmen	main
nen	nez
dèyè tèt	nuque
wèy	œil/yeux
zòrè	oreille/s
lapo-wèy	paupières
pyé	pied
ren	rein / taille
bòl jounou	rotule
disan	sang
tété	sein/s
talon	talon
tèt	tête
vant/bouden	ventre

CAYENNE, LA NUIT

Bien reposé, vous voilà de nouveau sur pied. La nuit est tombée depuis plusieurs heures, mais vous avez envie de vous dégourdir les jambes encore un peu. Sauf événement exceptionnel, les rues de Cayenne la nuit sont très calmes. Seule zone animée : le triangle de *Chicago*, **Chikago**, situé de *l'autre côté de la crique*, **ròtbò krik**, au canal Laussat. Plusieurs personnes à qui vous avez demandé de vous accompagner vous ont opposé un refus poli, la réputation du quartier n'étant plus à faire. C'est là que les premiers migrants chinois se sont installés, dans les années trente. **Ròtbò krik**, également appelé **vilaj Chinwa**, *village Chinois*, accueille aujourd'hui une population souvent marginalisée et majoritairement migrante. Seul votre ami le **maskilili** (vous vous souvenez, le petit diablotin de la place des Palmistes) acceptera de vous y conduire. Il faut dire que, grâce à ses pieds à l'envers, le **maskilili** a le pouvoir d'égarer tout humain qui essayerait de le suivre…

Vous voilà déambulant de **toufé yenyen** (litt. "étouffeur de moucherons") en **toufé yenyen**, de *boîte de nuit* en *boîte de nuit*. Là, vous découvrez tout un univers musical guyanais et caribéen dont vous ignoriez l'existence, comme si ces lieux stimulaient la créativité des artistes populaires.

Une dispute

Au milieu du brouhaha, des voix s'élèvent. Deux hommes ivres sont sur le point d'en venir aux mains.

Les insultes fusent :

> **Alé lavé to gogo !**
> va laver tes fesses
> Va au diable !

> **Tchip. A pou mo to ka di sa, to bézwen mo fésé to atè-a ?**
> tsss. c'est pour moi tu [présent] dire ça, tu besoin je jette sur-les-fesses toi à-terre-la ?
> C'est à moi que tu dis ça, tu veux que je t'écrase ?

> **Mo di to : alé lavé to grenn anvan mo pa kaya-kaya to…**
> je dis toi : va laver ta graine avant je pas dépecer toi…
> Je t'ai dit : va laver tes testicules avant que je ne te mette en pièces…

Perdant tout contrôle, l'autre répond par l'insulte suprême :

> **Tchoutchout / Landjèt to manman !**
> Les fesses de ta mère !

Devant un tel climat, le **maskilili** vous dissuade d'**alé tchwé oun pis** (litt. "aller tuer une puce"), c'est-à-dire d'*aller boire un coup*.

Annou ralé nou kannon !
tirons notre canot
Partons de là !

Pour vous tirer de ce mauvais pas, il vous entraîne chez Madame Sérotte, le seul lieu où l'on peut entendre gratuitement de la musique traditionnelle guyanaise dans la capitale, tous les samedis soirs.

La musique et la danse

Sanmdi aswè, i toujou gen oun kasékò koté Man Séròt.
Le samedi soir, il y a toujours un "cassé-corps" chez Madame Sérotte.

Des douze danses traditionnelles de Guyane, le **kasékò** (litt. "cassé-corps"), sorte de "break-dance" accompagnée de chants, est la plus pratiquée. Une question de rythme, sans doute ! Plus endiablé, il promet le déhanchement. Le **kasékò**, autrefois dansé surtout à la fin des travaux des champs, est aujourd'hui un "incontournable" des fins de soirées dansantes. Il se danse à tout âge, tout seul ou en face de quelqu'un, mais il n'a rien à voir avec un slow !

Outre les **kasékò**, on trouve également dans le répertoire guyanais des rythmes plus lents tels que le **grajé**, une sorte de valse rythmée par un petit tambourin, appelé **tanbou grajé**. Le **léròl**, quant à lui, est un mélange de menuet et de quadrille, le **kanmougé**, qui pourrait faire penser à la bourrée auvergnate. Il se joue sur un impressionnant tambour d'environ 1,80 mètre de long, qui s'appelle **youngwé**. D'autres encore sont d'origine africaine plutôt qu'européenne. C'est le cas du **moulala**, du **débòt**, du **bélya**, du **labasyou**, du **zink**… Le son du **chacha** – des maracas fabriquées à l'aide d'une boîte métallique cylindrique ou de calebasse remplie de grains – et du **tibwa** – deux baguettes en bois – accompagnent toutes ces danses.

En Guyane, il n'y a pas de manifestation culturelle sans la participation d'un groupe folklorique de musique traditionnelle créole. Créée en 1940 par Gisèle Sérotte, la salle **konwé** est animée par le groupe de musique traditionnelle **Bwison ardan**, *Buisson ardent*, du nom d'un arbuste résistant à fleurs rouges que l'on voit souvent border les jardins.

C'est le lieu idéal pour entendre la langue créole chantée. Les chants traditionnels relatent la vie dans les *plantations*, **bati**, les rapports entre colons et esclaves, la vie quotidienne en milieu rural, mais aussi les relations entre hommes et femmes, et bien sûr les histoires d'amour… Grande **dòkò** (personne à qui on attribue une grande sagesse), **Man Séròt**, *Madame Sérotte*, s'est entourée d'un chœur de femmes. Votre œil observe le geste solennel du **tanbouyen**, *percussionniste*, qui, avant de commencer à jouer, nourrit de rhum la peau de son tambour. Le liquide glisse sur la peau lisse de chevreuil qui recouvre le **tanbou kasékò**. Les autres percussionnistes reprennent les gestes que leurs prédécesseurs de la période esclavagiste accomplissaient à l'époque où l'on attribuait au tambour une vertu magico-religieuse.

QUELQUES MOTS DOUX

À l'horizon, la ligne qui sépare ciel et mer se dessine à peine. Une jeune femme est assise sur un banc, à côté d'un homme accoudé au dossier…

I ka fala-i.
il [présent] draguer-elle
Il la drague.

I ka kasé bwa a so zorè.
il [présent] casser bois à son oreille
Il la courtise.

To lé fè djal ké mo, mo té konprann to té ja gen to moun…
tu vouloir faire flirt avec moi, je [pl.-q.-pft] comprendre tu [pl.-q.-pft] déjà avoir ta personne
Tu veux flirter avec moi, je pensais que tu étais déjà pris…

Il lui confie un secret, dans un **wichi-wichi**, une *conversation à voix basse* :

Wéy pyès fanm pa jòlót kou topa ya !
yeux aucune femme pas joli comme les-tiens
Aucune femme n'a d'aussi beaux yeux que toi !

A sa to ka di tout fanm to jwenn, to gen bèl kozé ?
c'est ce tu [présent] dire toutes femmes tu rencontrer, tu être un-personne bien parlé
Tu dis cela à toutes les femmes que tu rencontres, tu es un beau parleur ?

Mo pé ké janmen bliyé to.
je pouvoir [futur] jamais oublier toi
Je ne pourrai jamais vivre sans toi.

Vlopé mo annan to dé bra, bay mo oun ti bo.
envelopper moi dans tes deux bras, donner moi un petit baiser
Prends-moi dans tes bras et fais-moi un bisou.

Doudou, anyen pòkò anyen…
chérie rien encore rien
Chérie, nous n'en sommes qu'aux prémisses…

I KA FALA-I.
(Il la drague.)

... ja ka di ou kontan mo pasé kontan fèt.
tu déjà [présent] dire content moi plus content faire
... et je t'aime déjà à la folie.

Lanmou fré, yanm plen kwi !
l'amour frais, igname rempli demi-calebasse
Tout nouveau, tout beau !

Vous venez de prendre votre premier cours de conversation amoureuse en créole. Dans l'intimité, l'emploi du **to**, *tu/toi*, est privilégié.

mo disan kalé ké sopa anmasibolé sokò
mon du-sang [présent] aller sa son-corps part amoureusement
s'amouracher

lanmou malpapay	amour non réciproque
lanmou difé pay / lanmou zéklé	amour sans lendemain
oun ti bo chwit / oun bèl tibo	un doux baiser
madousinaj / tikarès	caresse
doudou	chéri/e
fala	draguer
bo	embrasser
koké	faire l'amour
a li rounso i ka wè...	il/elle est amoureux/-euse de...
mo kontan to	je t'aime
kapòt	préservatif
darlòz	promesse
kontan fò	sentiment profond
chouchoun / tatou / dokonon	sexe féminin
poson / lolo / koko	sexe masculin
masibòl	fiancé/e
rété	vivre avec

So tchò plen annan siro.
son cœur [présent] plein dans sirop
Il/Elle est fou/folle de bonheur.

Même très amoureux, les Créoles sont très pudiques et peu démonstratifs en mots doux. Le **ti doudou** équivaut à *mon trésor, ma chérie/mon chéri* ; c'est une marque d'affection. Le seul fait d'utiliser un diminutif du prénom est déjà un signe de grande familiarité. Ainsi, Thérèse devient *Tètè*, André, *Dédé*, Julie, *Lili*…

En créole, toutes les occasions sont bonnes pour glisser quelques allusions ou quelques métaphores à caractère sexuel. Selon le contexte, elles peuvent se glisser dans n'importe quel mot volontairement détourné de son sens initial. Ainsi, **tatou** (petit mammifère au dos arrondi) ; **patat**, *patate douce*, désignent le sexe féminin, tandis que **koko**, *noix de coco*, ou **poson**, *poisson*, renvoient au sexe masculin.

Autant le savoir, le groupe musical "Les Vautours" a eu un grand succès populaire avec la chanson intitulée "**Bay mo mang**" (litt. "mange ma mangue"), qui signifie "Faisons l'amour". Une autre expression : **annou manjé oun gato patat**, "mangeons un gâteau de patate", peut aussi être une invitation à faire l'amour.

Si les femmes, entre elles, se racontent, et si les hommes rassemblés autour d'un petit punch relatent leurs aventures sexuelles, la société est en général très pudibonde. Si vous êtes une femme et que vous entendez des hommes blaguer entre eux, évitez de vous mêler à la conversation, cela serait très mal perçu ! Si vous êtes un homme, ces remarques s'appliquent aussi à vous.

SE PROMENER DANS LA NATURE

La forêt

Avec environ huit millions d'hectares, la forêt guyanaise couvre la majeure partie du territoire. La Guyane fait partie de ces derniers bastions sur la planète où il existe des forêts primaires intactes, et de nos jours, on découvre encore des lacs vieux de plusieurs milliers d'années !

Impossible alors d'évoquer la Guyane sans parler de sa forêt. Elle recèle un nombre incalculable d'espèces végétales. Un seul hectare de forêt peut regrouper plus de 100 espèces différentes, contre une moyenne de 10 à 15 en Europe. On y recense près de 500 espèces de très *grands arbres*, **gran bidim pyébwa**, dont le diamètre dépasse parfois 4 mètres !

Vous connaissez déjà certains arbres fruitiers, par l'énumération de leurs fruits présents sur le marché. Sur ces arbres fruitiers, près de 70 espèces différentes de palmiers constituent une composante importante. Parmi eux, citons le **wapa**, grand arbre à contreforts épais et arrondis, le **wakapou**, dont le bois très résistant est utilisé en charpente et en menuiserie, le **bwa sèrpan**, *bois serpent*, du beige jaune au brun foncé, qui est surtout utilisé en ébénisterie d'art, et enfin **lanjélik**, *l'angélique*, très grand arbre qui sert à la construction des pirogues et des maisons businengé.

L'arbre fruitier est plus généralement désigné par le nom du fruit qu'il porte. Ainsi, l'arbre qui donne la **mang**, *mangue*, est le **pyé mang**, *manguier* ; l'arbre qui donne les maripas est le **pyé maripa**, palmier de 18 à 20 mètres…

Malheureusement, depuis quelques années, des orpailleurs (chercheurs d'or) plus ou moins clandestins n'hésitent pas à utiliser le mercure dans les cours d'eau, entraînant des ravages irréversibles sur l'environnement et menaçant gravement la santé des populations amérindiennes…

pyébwa	arbre
bèt danbwa	bêtes sauvages

bwa	bois
flèr	fleur
danbwa	forêt
yanman	forêt primaire
imidité	humidité
marengwen	moustique
mak	moustique de grande taille
sèk	sec

Gadé sa bèl zozo-a !
regarde ce bel oiseau-l'
Regarde ce bel oiseau !

Santi sa orkidé-a !
sentir cette orchidée-la
Sens cette orchidée !

Panga, an danbwa, tout bagaj ka chanjé vit toubònman !
attention, en-bois, toute chose [présent] changer vite tout-bonnement
En forêt, tout change très vite, soyez vigilant !

Pa manyen branch pyébwa ké lyann-yan pas yé pouvé séré sèrpan.
pas toucher branches arbres avec lianes-les parce-que elles peuvent cacher serpents
Évitez de toucher aux branches et lianes qui peuvent abriter des serpents.

Anba bwa, lò ou ka tiré ou soulyé pou alé dronmi, miyò ou mété yé divan-dèyè.
sous bois, quand vous [présent] retirer votre soulier pour aller dormir, meilleur vous mettre eux devant-derrière
En forêt, quand on enlève ses chaussures pour dormir, mieux vaut les placer sur l'envers.

katrévensèt

Pou maché, pati gran bònò / bònò-bònò pas dipi senkèr aswè, soukou ka tonbé !
pour marcher, partir grand bonne-heure / très-tôt parce-que dès cinq-heures du-soir, la-nuit [présent] tombe
Pour les randonnées, partez de bonne heure car dès 17 heures, il fait nuit noire !

Panga fè djouboum annan larivyè-ya, yé pa toujou byen prop.
attention faire plongeon dans rivières-les, elles pas toujours bien propres
Méfiez-vous des baignades dans les rivières, assez souvent polluées*.

* à cause du mercure

En randonnée

N'essayez pas de jouer à Tarzan ! Même avec une âme d'aventurier, vous n'avez aucune chance de survivre dans la forêt si vous n'êtes pas accompagné par des professionnels ou par des **moun péyi**, des "natifs natals", nom de ceux qui maîtrisent bien leur milieu de vie.

Même si vous savez que le taux d'humidité est très élevé – entre 80 et 95 % – et que la température moyenne varie de 24 à 29 °C toute l'année, il vous faudra une bonne préparation psychologique pour que votre organisme s'adapte à cet environnement. Attention :

Danbwa ou pa konnèt, ou ka dronmi a simitchè.
dans-bois vous pas connaître, vous [présent] dormir en cimetière
Dans une forêt que tu ne connais pas, tu dors au cimetière.

En d'autres termes : on n'aborde pas un terrain inconnu à la légère. Dans un premier temps, optez pour la sécurité et restez sur les sentiers balisés de randonnée pédestre. Bien équipé avec des bottes en caoutchouc, une gourde remplie d'eau, des manches longues (à cause des moustiques) et un chapeau…

bòt lapli	bottes en caoutchouc bottes de pluie
oun bousòl	boussole
karbété anba bwa	camper dans la forêt
oun chimen	un chemin
dronmi anba zétwèl	dormir à la belle étoile
oun bidon dilo	une gourde remplie d'eau
oun losyon pou marengwen	une lotion anti-moustiques
oun kaskrout	un pique-nique
oun ti-chimen	un sentier
oun tant	une tente
oun trous sékour	une trousse de secours
oun katouri	un chapeau
oun chimiz manch long	une chemise à manches longues

Sa koté-a ka fè mo plézi, annou arété oun moman.
ce côté-le [présent] faire moi plaisir, allons arrêter un moment
Ce coin me plaît, arrêtons-nous un instant.

Mo té ké kontan pran oun foto !
je [conditionnel] content prendre une photo
J'aimerais prendre une photo !

Pitèt, nou ké pouvé dronmi anba zétwèl ?
peut-être, nous [futur] pouvoir dormir sous étoile
Peut-être pouvons-nous dormir à la belle étoile ?

Orò ? I gen oun patché marengwen, mo pè sèrpan.
oui il a un paquet moustiques, je peur serpents
J'en doute, il y a beaucoup de moustiques et j'ai peur des serpents.

I pa gen pyès danjé, mo ganyen tout bagaj.
il pas avoir pièce danger, je avoir toute chose
Il n'y a pas de danger, j'ai tout ce qu'il faut.

katrévennèf 89

I PA GEN PYÈS DANJÉ, MO GANYEN TOUT BAGAJ.
(Il n'y a pas de danger, j'ai tout ce qu'il faut.)

Rangez un peu la voiture pour faire une immersion en forêt équatoriale en toute sécurité. En effet, la forêt est balisée, et comporte un observatoire ornithologique, ainsi qu'un panneau explicatif sur la botanique. Prenez le temps d'observer de près le système racinaire de certains arbres. Parmi la trentaine de layons (sorte de petits sentiers forestiers) créés principalement sur le littoral, aménagés de carbets de repos plus ou moins entretenus, nous vous recommandons plus particulièrement ceux du littoral.

Depuis Cayenne, à peine à 12 kilomètres, deux layons sont très accessibles en prenant la route des plages en direction de Rémire-Montjoly : le layon **Rorota** sur le Mont Mahury – à 150 m d'altitude – offre une vue imprenable sur les plages, la colline de Bourda et les îles au large de Montjoly. Les eaux du Rorota alimentent la ville de Cayenne en eau potable. Un peu plus loin, vous trouverez l'habitation Vidal de Lingendes, du nom du propriétaire foncier esclavagiste. Plus de trois cents esclaves ont travaillé sur ce domaine où se concentraient une ferme, une sucrerie, des cases et des maisons de maîtres, ainsi qu'une chapelle, un cimetière…

Toujours sur l'île de Cayenne, à 20 minutes du centre-ville, le Mont Grand Matoury, de plus de 230 mètres d'altitude, est un massif boisé, réserve naturelle de nombreuses espèces d'oiseaux qu'il faut découvrir. Les amoureux de la nature seront comblés, car figurez-vous que le sentier de l'ancienne distillerie de Lamirann, la Maridande, est un résidu de "forêt primaire", c'est-à-dire intacte, qui n'a jamais subi la moindre activité de défrichage, culture sur brûlis de l'homme !

En quittant Cayenne, à Montsinéry, vous trouvez le sentier aménagé du bann Annamit, le bagne des Annamites. De ce camp créé en 1931, où plus de 500 Indochinois, militants politiques, ont été déportés à 15 kilomètres du centre-ville de Kourou, la **montangn makak**, *la montagne des singes* est accessible par la route du Dégrad Saramaka. De la crête, vous pourrez observer l'estuaire du fleuve Kourou, au fond la silhouette des îles du Salut et la zone du pas de tir du Centre Spatial.

Sur la route de Saint-Laurent du Maroni, pas toujours accessible pendant la saison des pluies, **So Voltèr**, *les cascades Voltaire*, avec une dénivellation de plus de 35 mètres, ressemblent à un toboggan grandeur nature !

Et dans l'arrière-pays, à 80 kilomères de Cayenne, à **Réjina**, la montagne Favard dans la belle région des "marais de Kaw", fief des caïmans noirs.

À une vingtaine de kilomètres de Saint-Georges de l'Oyapock, empruntez les sentiers de promenade du **So Maripa**, *le saut Maripa* ; de Saül, il y a plusieurs circuits de randonées autour de la bourgade – le "gros arbre", court et accessible même en famille, le "mont la fumée", le "gros bœuf mort", la "roche bateau"…

La faune

Bien sûr, la forêt équatoriale est aussi peuplée d'animaux. Certains sont inoffensifs pour l'homme, tels le *"mouton pares-*

seux" ou *aï*, que l'on appelle aussi **pasou-mouton**, le *tamanoir* ou *fourmilier*, **manjò fronmi** et l'écureuil. En revanche, d'autres peuvent se défendre s'ils se sentent menacés. Enfin, il y a ceux qui ont mauvaise réputation (pas toujours justifiée). C'est le cas du **tig**, nom donné au *jaguar*, des araignées, des scorpions et des **sèrpan**, *serpents*, etc.

En Guyane, on dénombre 94 espèces de serpents. Les superstitieux ne prononcent pas leur nom et parlent de **bèt long**, *bêtes longues*, dont dix seulement présentent un véritable risque d'envenimement. Il est sans doute également utile de savoir que, sur une année, le nombre d'appels au Samu concernant les serpents est bien inférieur à celui concernant des insectes (comme les fourmis, les abeilles…). Alors, si vous trouvez un serpent sur votre chemin, tout en restant prudent, laissez-le fuir et continuez votre route à bonne distance si vous en avez peur.

Certaines espèces ne peuvent être ni chassées, ni achetées, ni vendues. L'**agouti**, petit rongeur à la chair si fine, accède au statut d'espèce protégée, au même titre que le "singe atèle" ou "singe araignée", ou que le **tayra**, sorte de *martre*, un petit mammifère brun à la silhouette allongée et au museau pointu.

mouch myèl	abeille
pasou-mouton	aï (mammifère extrêmement lent !)
arennyen	araignée
gélengé	écureuil
fronmi	fourmi
tig	jaguar (et non tigre !)
arennyen krab	mygale
èskòrpyon	scorpion
sèrpan / bèt long	serpent
kwata	singe araignée / atèle
manjò fronmi	tamanoir
chyen bwa	tayra

- **Les tortues**

Encore nombreuses en Guyane, les tortues portent des noms différents – souvent intraduisibles – selon leur milieu de vie, qu'elles soient terrestres ou aquatiques.

karèt	carette, tortue de mer, tortue verte
tawarou	tortue d'eau douce
toti kawann / toti lanmè	tortue de mer appelée "tortue luth"
toti savann	tortue de savane
toti wara	tortue awara, tortue de terre

La Guyane fait partie des destinations préférées de la tortue luth. C'est même son lieu de nidification privilégié. La saison des pontes s'étale sur l'année, débutant en janvier-février et s'achevant vers août-septembre. Depuis 1976, la loi française protège les tortues de mer, leurs pontes et leurs petits.

Sachez que les tortues s'apprivoisent aisément. Ainsi, il n'est pas rare de voir des enfants jouer avec des petites tortues et improviser des courses…

Avant que la tortue ne soit une "espèce protégée", sa chair se dégustait dans les grandes occasions. On dit même qu'à la table du roi Louis XIV, on consommait régulièrement "un potage de tortue".

- **Les oiseaux**

Impossible de vous énumérer les 700 sortes de **zozo**, *oiseaux*… On distingue les **ti-zozo** et **gro-zozo**. Parmi les plus connus, le toucan, "gros bec", reconnaissable à son bec proéminent, est devenu la mascotte de la Guyane. Sur tous les sites touristiques, sa présence est signalée par des panneaux le représentant.

Parmi les **ti-zozo**, la famille des **kolibri** en compte plus de trente espèces. Méfiez-vous, si vous portez une fleur dans les cheveux, l'un d'entre eux pourrait bien venir y butiner et vous voler un cheveu ! Une superstition prétend que vous risquez alors de perdre la raison…

Le rouge-gorge, très élégant, fait partie du chœur qui accompagne le petit-louis, chanteur virtuose, et l'ortolan au rythme du bavard **kikivi** : on croit entendre "kiki-vit" !

Le "cul jaune", quant à lui, suspend son nid au-dessus des **krik**, *criques*, pour mieux voir flotter les feuilles de cette plante aquatique appelée **moukou-moukou**.

tchoujòn	cul jaune
rouj gòrj	rouge-gorge
grobèk	toucan

Pour en savoir plus, reportez-vous également à la rubrique *La nature en ville*.

KOUROU

Si Cayenne est considérée comme le foyer actif de la Guyane, son chef-lieu et son centre administratif, Kourou, n'a pas à lui envier sa notoriété. C'est la ville la plus européenne de toute la Guyane depuis les années 70 où cette petite bourgade est devenue une "ville spatiale".

Le Centre Spatial Guyanais – C.S.G. – occupe environ 850 km². Les nombreux chantiers ont attiré une main-d'œuvre plus ou moins qualifiée. En 16 ans, de 1973 à 1989, la population est passée de 4 500 à 12 000 habitants. Aussi ne vous étonnez pas de trouver un village amérindien jouxtant la plage privée d'un hôtel quatre étoiles ! Le principal atout de Kourou est sa proximité par rapport à l'équateur. Les satellites bénéficent de l'énergie fournie par la vitesse de rotation de la Terre autour de l'axe des pôles lors de leur lancement.

labaz-a	la base de lancement
gannyen-soumaké	bénéfice
pédi-soumaké	déficit
pédi / pran fè	échec
ékwatèr	équateur
oun éséyaj	un essai
zétwèl-ya	les étoiles
fizé-ya	les fusées
fizé Aryann / Aryàn	la fusée Ariane / Ariane
inogirasyon	inauguration
lalin-an	la lune
oun satélit	un satellite
siksè	succès

An, a isi-a zòt labaz Aryann-an fika ?
ah, c'est ici votre base Arianne-la être
C'est ici que se trouve la fameuse base de lancement de la fusée Ariane ?

Lò mo rivé, mo pa té konprann, isi-a a té oun vil-lès-pas-a ?
lorsque je arriver, je pas [pl.-q.-pft] comprendre, ici-là [pl.-q.-pft] une ville-espace-la
Je ne m'imaginais pas ce qu'était une "ville spatiale"…

Sa ki fè mo soté, a vyé ti-fizé a rounso mo wè an lantré vil-a.
ce qui a-fait moi sauter, c'est vieille petite-fusée seulement je voir à l'entrée ville-la
J'étais étonnée de ne voir qu'une petite fusée à l'entrée de la ville.

**Ké tousa, ès Kourou ka bénéfisyé di labaz ? /
Ès Kourou ka soti bèl nèg ké labaz-a ?**
avec tout-ça, est-ce-que Kourou [présent] bénéficier de la-base ? /
est-ce-que Kourou [présent] sortir beau nègre avec la-base ?
En fin de compte, quels bénéfices tire la ville de Kourou de cette base ?

Enpé lang ka jwenn Kourou !
un-peu langues [présent] se-rencontrer Kourou
De nombreuses langues se côtoient à Kourou !

Kitan yé ké voyé oun fizé ankò ?
quand ils [futur] envoyer une fusée encore
Quand aura lieu le prochain lancement de fusée ?

Mo té ké kontan wè sa !
je [conditionnel] content voir ça
J'aimerais bien voir ça !

QUELQUES PROVERBES

La Guyane est un pays de paradoxes. La ville spatiale et la fusée européenne côtoient les pirogues et les descendants des premiers Amérindiens. Quittons maintenant les étoiles pour nous intéresser au terroir.

Le génie culturel guyanais plonge ses **rakaba**, *racines*, dans le mode de vie rural, souvenirs qui redessinent l'imaginaire en l'imprégnant du paysage environnant. Avec les **dolo-ya**, *proverbes*, qui témoignent d'une conception de l'expérience acquise, d'une manière de voir la vie, la société transmet sa sagesse de génération en génération.

En voici quelques-uns, connus de tous, que vous pourrez peut-être, vous aussi, placer à bon escient dans une conversation :

KITAN YÉ KÉ VOYÉ OUN FIZÉ ANKÒ ?
(Quand aura lieu le prochain lancement de fusée ?)

A la soukou, yé ka tchwé pyan.
c'est à-la-tombée-de-la-nuit, ils [présent] tuer sarigues
C'est dans l'obscurité qu'on tue les sarigues*.

* Petit mammifère marsupial d'Amérique dont la femelle possède une longue queue préhensile.

En d'autres termes, il faut choisir le bon moment pour mettre à exécution ses projets.

Bénéfis rat a pou sèrpan.
bénéfice rat c'est pour serpent
Le bénéfice du rat profite au serpent.

Autrement dit, celui qui croit obtenir un avantage n'est pas toujours celui qui en profite.

Chans zwa a pa chans kanna.
chance oie c'est pas chance canard
L'indulgence exercée à l'égard des oies ne l'est pas forcément à l'égard des canards.

Ce qui est bon pour l'un ne vaut pas toujours pour l'autre.

Chimen lwen, kayou rèd apyé.
chemin loin, cailloux durs aux-pieds
Quand le chemin est long, les cailloux durcissent les pieds.

Ou encore "la difficulté rend plus fort".

Kayakou ka modé piti Tig, lò Tig maré.
chevreuil [présent] mordre petit Tigre, quand Tigre est-attaché
Le chevreuil mord le petit du tigre lorsque le tigre est attaché.

Un équivalent de "C'est dans l'obscurité qu'on tue les sarigues".

Ké pasyans, léfan déboché takoko.
avec patience, éléphant débauché petite-fourmi
Grâce à la persévérance, l'éléphant a réussi à faire l'amour avec la plus petite fourmi.

Avec de la patience, on arrive à ses fins.

Koté baryè fèb, a la béf ka pasé.
où barrière faible, c'est là bœuf [présent] passer
Le bœuf enjambe là où la barrière est basse.

C'est une autre façon de dire qu'une faille est toujours exploitée par l'adversaire.

Menm si chyen vandé so zouti, li pa bliyé so métyé.
même si chien vendre ses outils, il pas oublié son métier
Chien qui vend ses outils n'oublie pas son métier.

En d'autres termes, un savoir-faire acquis ne s'oublie pas.

Pa pran kaka soléy pou lò.
pas prendre caca soleil pour l'or
Il ne faut pas prendre le mica pour de l'or.

"Tout ce qui brille n'est pas d'or". (Les apparences sont trompeuses.)

Si travay té bon, yé pa té ké péyé pou fè li.
si travail [pl.-q.-pft] bon, ils pas [conditionnel] payer pour faire lui
Si le travail était une sinécure, il ne serait pas rémunéré.

"Tout travail mérite salaire."

Tiré chik a pyé chyen, i ka doumandé to roun kouskouri.
enlever chiques aux pieds chien, il [présent] demander toi une course-à-pieds
Enlève au chien ses chiques*, il te demandera de courir.

* La chique est une puce des pays tropicaux qui s'introduit sous la peau et cause des démangeaisons.

"Une bonne action n'est pas toujours récompensée."

L'IMAGINAIRE GUYANAIS

Les croyances, pratiques populaires et personnages qui peuplent l'imaginaire guyanais sont nombreux. En voici un petit aperçu.

Contrairement à la plupart des sociétés post-esclavagistes de la Caraïbe – le vaudou en Haïti, le candomblé brésilien ou la santeria cubaine –, la Guyane n'a pas pu conserver ni protéger le syncrétisme avec ses "nouveaux dieux". Ici, la religion catholique a imposé son monopole et s'est dotée d'un statut dominant depuis la période esclavagiste. Cela peut s'expliquer : face à la barbarie de certains propriétaires d'esclaves, les ordonnances royales légifèrent. De là naît le fameux "code noir" en 1685, censé améliorer le sort des esclaves soumis à l'arbitraire de leurs maîtres. Certains articles de ce code, appelé aussi "code de Colbert", sont très explicites :

Art. 2. "Tous les esclaves seront baptisés et instruits dans la religion catholique, apostolique et romaine (…)."

Art. 3. "Interdisons tout exercice public d'autres religions que la catholique, apostolique et romaine ; voulons que les contrevenants soient punis comme rebelles et désobéissants à nos commandements (…)"

Bref, cet acte juridique des autorités coloniales consacrait l'exclusivité de la religion catholique. Aussi, les différents cultes des esclaves africains devaient s'y conformer pour survivre. Mais, bien entendu, les apparences sont trompeuses ; ainsi le catholicisme a-t-il dû malgré tout composer avec les croyances afro-amérindiennes.

Tout en étant de fervents pratiquants de la religion catholique, les Créoles consultent un **gadò**, *médium*, quand ils ne trouvent pas de réponse à leurs attentes. Ils adressent leurs prières à Dieu et aux saints chrétiens avec la même conviction qu'ils utilisent des objets de culte fabriqués par un **gadò**, un talisman, qui peut être aussi un bijou de protection. Ces pratiques n'ont pas engendré de divinités particulières. De même, pour diagnostiquer son mal et se soigner, un malade mettra toutes les chances de son côté. C'est pourquoi il consultera à la fois le médecin et le **gadò**.

Pour communiquer avec un mort, on consultera un **séansyé** ; pour se protéger de **ladévenn**, *la guigne*, et pour forcer la chance, on ira voir un **piayò**, *magicien-guérisseur*, qui possède les secrets des plantes.

Mais on peut noter ici ou là des pratiques qu'on pourrait qualifier d'"animistes". Par exemple, une personne peut d'un côté avoir un comportement dévôt, être "grenouille de bénitier", et conserver une hostie bénie pour la réutiliser à d'autres fins… pas très catholiques cette fois !

À la tombée de la nuit, dans certains lieux, sont déposés des objets préparés par un sorcier qui les dote de pouvoirs. Celui-ci compte ainsi mettre fin à un mal en plaçant ces objets au pied d'un grand fromager (kapokier), très grand arbre des régions tropicales, ou au croisement de **kat chimen**, *quatre chemins*.

Pour le passage de la nuit de la Saint-Sylvestre au nouvel an, on sélectionne, dans une grande bassine en métal, des feuillages de plantes aromatiques censées porter bonheur ; on met la bassine au soleil pour le fameux **ben démaré** (litt. "bain démarré") pour s'attirer la chance pendant 365 jours. La maison est nettoyée de fond en comble, mais le 1er janvier, on attend le lendemain pour ramasser la poussière balayée (qu'on laissera dans un coin où il y a peu de passage).

Parmi les coutumes funéraires, l'eau qui a servi pour la toilette d'un mort sera jetée, après la levée du corps, derrière le *corbillard*, **korbiya** ou **kabouré-mounmouri**. Pendant la veillée mortuaire, on retrouve la même alternance de rituels religieux et de pratiques profanes. D'un côté, des prières sont récitées autour du mort, de l'autre, une assemblée participe à une animation avec des **masak masak**, *devinettes*, et des **kont**, *contes*.

• **Superstitions et coutumes**

En Guyane, les superstitions se nomment **prensip nèg** (litt. "principes nègres"). Ces traces subsistent des origines africaines des Créoles. Elles se sont également nourries des superstitions provenant des cultures qui constituent l'identité du créole guyanais. Dans l'esprit guyanais, ces superstitions sont plutôt considérées comme un simple bon sens, une sorte de sagesse populaire.

gadò	médium
kat chimen	quatre chemins, carrefour
ladévenn	malchance, malheur
lanmen sal, malò moun	qui a des pratiques occultes
mèt piayò	sorcier, guérisseur
pasé lanmen asou passer la main sur	être ensorcelé
pyay	sortilège (mot d'origine amérindienne qui signifie le "magicien-guérisseur")
pyayé	ensorcelé (quelqu'un qui est victime d'un **payò**)
séansyé	sorte de maître de séance, celui qui communique avec les morts pour aider les vivants en difficulté.
tchenbwa	sortilège ("tiens-bois")

Nous l'aurons bien compris, même si les Guyanais s'en défendent, les superstitions sont très répandues. C'est ce que nous observons dans la pratique religieuse. Si les superstitions font partie du quotidien des Guyanais, c'est de manière discrète, **anba féy** (litt. "sous les feuilles"). Toutefois elles ont un effet certain sur la manière de percevoir le monde. Des petits gestes, anodins ailleurs, peuvent ainsi devenir des "signes" et faire alors l'objet de superstitions. Dans la vie au quotidien, on est sensible à son environnement…

Le Créole guyanais sera attentif à l'apparence d'un individu qu'il ne connaît pas. Il risque de considérer la sueur, la crasse, des ongles et de cheveux sales de son interlocuteur comme des indices d'une personne qui pratique le **pyay**. De même, on dira de quelqu'un à l'allure et aux tenues négligées, qu'il est ensorcelé, qu'on lui a "passé la main dessus".

Au marché, l'échange avec la vendeuse peut devenir tendu si vous touchez à une marchandise sans y être invité. Celle-ci pourrait vous soupçonner de vouloir "gâter" ses chances de vendre et lui porter malheur. De même, en touchant les cheveux d'un enfant, un parent pensera qu'on veut lui prendre tous ses esprits et lui enlever ses facultés intellectuelles.

Par ailleurs, il n'est pas rare d'entendre de quelqu'un qui "réussit", qu'il a dû prendre des "bains démarrés", sous-entendu qu'il s'est baigné dans une eau dans laquelle on a fait macérer des végétaux traités par un sorcier appelé **mèt piayò**.

Ne ramassez jamais un objet trouvé par terre, surtout à un croisement de rues.

Évitez de déposer :

katouri	(un) chapeau
pengn	(un) peigne
mirwè	(un) miroir
soumaké	(de l')argent

sur un lit **(lit / bélina / kabann / payas)**… On considère communément que cela porte **dévenn**, *malheur*.

Franchir le seuil de la porte d'entrée d'une maison à reculons attire le malheur dans la maison :

Pa soti di kaz-a pa do.
pas sortir de maison-la par dos
Ne pas sortir à reculons d'une maison.

Pa bo pyès moun pa lafinèt-a…
pas embrasser aucune personne par fenêtre-une
N'embrassez personne à travers l'encadrement d'une fenêtre…

> **... sa ka anpéché mayé**
> ça [présent] empêche marier
> … car l'un d'entre vous ne se marierait jamais.

De la naissance à la mort, de nombreuses pratiques témoignent de l'importance de ces superstitions – qui d'ailleurs n'annoncent pas toujours un "malheur"… Ainsi,

> **Si ou koud konyen, ou ké rousouvrè oun kado.**
> si vous coude cogner, vous [futur] recevoir un cadeau
> Si vous vous cognez le coude, vous recevrez un cadeau.

Une mouche qui vole autour de quelqu'un ou un œil qui bouge de manière incontrôlée annoncent un visiteur imprévu…

LES FÊTES

La Toussaint

Si vous êtes en Guyane au début du mois de novembre, le soir de **Latousen**, *la Toussaint*, veille de la fête des morts, allez découvrir la féérie des bougies. Les tombes des cimetières sont fleuries. L'un des plus anciens – celui de Cayenne, qui date de 1821 – est situé boulevard Jubelin.

Dès la mi-octobre, les familles se mobilisent – soit en y allant elles-mêmes, soit en payant des tierces personnes – pour arracher les mauvaises herbes, enlever la cire des bougies fondues, gratter, nettoyer les peintures anciennes, brosser et récurer les carreaux, peindre les tombes des défunts de la famille, témoignage du respect et de l'attention que l'on porte à ses morts.

En Guyane, la fête des morts n'est pas un jour triste. Les morts entendent les rires des visiteurs. C'est l'occasion pour les familles de se retrouver, d'échanger leurs nouvelles, de palabrer.

I gen enpé tan nou pa té jwenn !
il y-a un-peu temps nous pas [passé] joindre
Ça fait bien longtemps que je ne t'ai pas vu !

Chak lannen, nou ka bité isi-a kousidiré nou té ka bay noukò randévou isi-a.
chaque année, nous [présent] rencontrer ici-là comme-si nous [imparfait] donner notre-corps rendez-vous ici-là
C'est comme si on se donnait rendez-vous ici, chaque année.

Bay mo nouvèl timoun-yan ?
donner moi nouvelles petite-personne-les
Comment vont les enfants ?

Ja gen sèt lannen, i lésé nou.
déjà avoir sept année, il laisser nous
Ça fait déjà 7 ans qu'il nous a quittés.

Ayè ankò, mo révé to kouzen défen.
hier encore, je rêver ton cousin défunt
Pas plus tard qu'hier, j'ai encore rêvé de ton cousin défunt.

Mo gen lidé sa, tonm-an, pésonn ka okipé di li, fanmi-a divèt an Frans.
je avoir l'idée ça, tombe-la, personne [présent] occuper d'elle, famille-la doit-être en France
J'ai l'impression que cette tombe semble abandonnée, la famille doit être en France.

Pendant ce temps, les enfants échappent à la vigilance des adultes pour s'amuser à lancer des bougies fondues sur les gens ; on les voit se faufiler entre les caveaux et sauter par-dessus les tombes pour jouer à cache-cache.

sansenk

BAY MO NOUVÈL TIMOUN-YAN ?
(Comment vont les enfants ?)

bouji	bougie
kaka bouji	bougie fondue
caca bougie	
simitchè	cimetière
tonm moun mouri	tombe
tombe personne morte	
jwenn	se rencontrer
bay bi	échanger des nouvelles
jwé kachèt	jouer à cache-cache
mové radjé	mauvaises herbes
nétyé / nétwayé / propté	nettoyer
pentiré	peindre
lapenn	peine
ari	rire

Hors du cimetière, le soir de la Toussaint est consacré aux veillées en l'honneur des morts qui, tout comme la veillée mortuaire, sont animées de récitations de prières entrecoupées de chants créoles.

sèrkèy	cercueil
lakrwa	croix
krisifi	crucifix
moun mouri	défunt/e
dilo béni	eau bénite
dilo twalèt moun mouri	eau de toilette du défunt
lansan	encens
téré	enterrer
lapriyè	prière
tonm	tombe
lenj moun mouri	vêtement du mort

Noël

Vers la mi-décembre, la température est exceptionnellement douce, ce qui prédispose à la convivialité. On sent venir **Nwèl**, *Noël* ; la fête familiale la plus célébrée. Une quinzaine de jours avant, on se regroupe par quartiers ou par affinités pour chanter à tue-tête des cantiques et des **chanté kantik** ou **chanté lavan**, *chants de Noël*, mais aussi pour manger et rire ensemble.

Le soir de Noël, on passe de maison en maison, chacun y va de sa spécialité culinaire à grand renfort de ti-punchs et de musique. On chante en s'accompagnant d'instruments improvisés, verres, couverts et tout ce qui peut faire office de percussions.

Vous retrouverez là encore l'esprit facétieux créole. Certes on chante des cantiques, mais ceux-ci sont rythmés, à l'aide de chachas et autres percussions, de refrains en créole tendant à la parodie. Ainsi, le célèbre air "Michaud veillait la nuit dans sa chaumière…" devient :

> **"A pa dòt ki konpè Micho ki di Sen Jozèf pa papa Bondyé"**
> ce pas d-autre qui compère Michaud qui a-dit saint Joseph pas papa Bon-Dieu
>
> "Ce n'est autre que compère Michaud qui a dit que saint-Joseph n'est pas le père de Jésus…"

Noël est également la fête où l'on déguste du cochon ! Pâtés au cochon, tranches de jambon de Noël, petits pâtés au four… Alors si vous n'êtes pas végétarien, profitez de cette période pour goûter aux cochons nourris avec des graines d'**awara**. Leur chair est imprégnée de cette saveur.

Vous goûterez au :

bouden kréyòl	boudin créole
kolonbo ké kochon roti	colombo et porc rôti
lasoup zonyon	soupe aux oignons

Vous mangerez également au dessert **oun bédengwèl**, un gros gâteau sucré au beurre, et un sorbet au **komou**. En boisson, **oun madou korosòl**, *un jus sucré de corossol*, et du **chròb**, punch à base d'écorces d'oranges et de mandarines séchées. Enfin, pour faciliter la digestion, **oun dité ponm kannèl**, *un thé de pomme-cannelle*.

dend-an	la dinde
chanpagn	le champagne
fwa gra	le foie gras
manjé nwèl	le repas de Noël
révéyon-an	le réveillon
douz kou minwi-a	les douze coups de minuit
zwit-ya	les huîtres
Nwèl	Noël
fè révéyon	réveillonner

Dans la nuit du 24 au 25, depuis que l'on consomme des produits importés en quantité importante, on trouve, à côté de ce menu traditionnel, la dinde venue d'Europe, le foie gras, les **zwit**, *huîtres*, et le champagne !

Carnaval

Dès le 6 janvier, jour de l'épiphanie, la Guyane vit au rythme du **Kannaval**, *carnaval*, qui dure un ou deux mois. Des bals fleurissent partout. L'ambiance est très festive, et les enfants bénéficient même de congés scolaires pour les derniers jours.

nèg maron nègre enfui	ancien esclave devenu résistant
béf vòlò béf	bœuf voleur de bœufs
kalenbé	cache-sexe
bisbonm	chapeau haut-de-forme
sousouri	chauve-souris
koté Nana côté Nana	chez Nana
djab danbwèt diable dans-boîte	diable en boîte
djab rouj / djab nwè	diable rouge / diable noir
bobi	dresseur et son ours
grotèt	grosse tête
jwé farin jeu farine	jeu de farine
lanmò	la mort
lendi, mardi gra	lundi, mardi gras
mèkrédi désann	mercredi des cendres
zonbi	mort vivant
sézon kannaval saison carnaval	période de carnaval
touloulou	personne déguisée
paspété passe-pet	queue de pie
touloulou lakrèch	touloulou novice
touloulou laglas	touloulou rigide

Tout le monde participe activement à l'événement et s'autorise à transgresser les règles habituelles. Du samedi soir, dans les dancings, au dimanche après-midi, dans les défilés le long des rues, plus rien ne compte ! Tout est bon pour provoquer le rire : des hommes portent des vêtements de femmes, les enfants, des vêtements trop grands, des adultes endossent des vêtements qui ne sont pas de leur âge… À côté de ces créations originales, des "personnages traditionnels" reviennent toujours parmi les déguisements et les animations :

– anglé bannann, très vite identifiable avec son costume très strict, queue de pie et chapeau haut-de-forme. Il renvoie à la période de l'immigration saint-lucienne.

– béf vòlò béf, évoque, dans une ambiance de corrida, la période où les Brésiliens vendaient clandestinement des bœufs volés de l'autre côté de la frontière.

– bobi, une parodie de dressage d'ours où les deux personnages sont de taille diamétralement opposée. Le plus grand déguisé en ours s'acharne à faire le contraire de ce que lui ordonne son dresseur.

– djab rouj / djab nwè, groupe habillé tout en rouge ou tout en noir avec des masques hideux, des cornes et des clochettes.

– djab danbwèt, c'est un personnage travesti qui propose, moyennant argent, de vous faire voir ce que contient sa boîte.

– grotèt, personnage habillé d'une boîte en carton qui ressemble à un nain à grosse tête.

– jwé farin : vêtu de blanc, avec un tablier de boulanger et coiffé d'un chapeau pointu, il lance des poignées de farine sur la foule.

– **lanmò** : avec un masque de squelette sur le visage, vêtu d'une cape blanche ou noire, il représente "basile", nom familier pour désigner la mort.

– **pòpòt** : il porte une tenue rayée de bagnard.

– **nèg maron** : il est vêtu d'un cache-sexe, le corps enduit d'une matière luisante, il évoque l'esclave évadé des plantations.

– **sousouri** : il est vêtu de noir et porte de grandes ailes pour se donner l'aspect d'une chauve-souris.

– **zonbi** : vêtu de blanc avec un masque en tête de chat et une écharpe rouge, il évolue avec tout un groupe auquel il est lié par une cordelette.

Mais le **touloulou** reste le personnage le plus célèbre du carnaval guyanais. On le retrouve tous les samedis soirs dans les dancings. Le plus réputé à Cayenne est Chez Nana, lieu de danses carnavalesques en couple. Là c'est la cavalière, le **touloulou**, qui choisit son partenaire et l'entraîne dans une danse très érotique, aux contorsions lascives, au son de la clarinette, du saxophone, du trombone ou de la guitare. Derrière son masque, elle est libre. Son identité est préservée par un déguisement qui ne laisse pas entrevoir la moindre partie de sa personne. Elle déforme le timbre de sa voix. Quant au cavalier, il ne doit jamais chercher à la démasquer.

Au petit matin, à Cayenne, où sont concentrés les principaux lieux de réjouissances, après s'être défoulé, on reprend des forces dans de petits restaurants où l'on se raconte des anecdotes. Toutefois, il n'est jamais fait allusion au secret de l'anonymat du **touloulou**.

Après ces jours d'effervescence, l'ambiance change brutalement. La période du carême est scrupuleusement observée. Adieu les réjouissances et les bals ; les boîtes de nuit sont fermées. Le vendredi, on ne mange pas de viande, mais du **kwak**, *couac*, avec du poisson salé ou de la morue rôtie, ainsi que du **komou** – du nom de ce palmier originaire du bassin amazonien. Bref, on fait carême jusqu'à Pâques.

Pâques et son bouillon d'awara

Le jour de *Pâques*, **Pak**, est attendu et se prépare patiemment en famille ou entre amis autour d'un plat fédérateur : le **bounyon/bouyon wara**, *bouillon d'awara*.

L'**awara** est un palmier qui pousse sur les terres basses, sur les savanes humides et sur la bande littorale. L'arbre, couvert de fines épines acérées et résistantes, peut atteindre jusqu'à 5 mètres de hauteur et 10 à 15 cm de diamètre. Son fruit de forme ovoïde, tout orange, renferme un noyau dur, très riche en vitamines ; il peut se consommer cru ou s'utiliser pour la préparation d'une pâte. Ce fruit saisonnier était autrefois employé pour soigner les affections oculaires dans les hôpitaux de Paramaribo, dans le Surinam voisin.

La préparation de ce plat est longue et se fait par étapes, ce qui peut mobiliser toute la famille. Une fois les graines d'awara ramassées puis lavées, on les laisse un peu tremper pour en retirer plus facilement la pulpe. Ensuite, on les écrase dans un grand mortier à l'aide d'un pilon. La pâte obtenue est délayée dans de l'eau chaude. C'est ce qui donne la **pat wara**, *pâte d'awara*, élément clé du bouillon d'awara. Très riche sur le plan nutritionnel, il contient à la fois des légumes, de la viande et du poisson. C'est un plat convivial, reflet d'une identité régionale, un peu comme la choucroute en Alsace ou le cassoulet du Sud-Ouest !

bounyon wara	bouillon d'awara
pat wara	pâte d'awara
pliché wara	éplucher l'awara

Annan oun gran kannari, *dans une grande marmite*, on ajoute de nombreux légumes, et, bien sûr, des épices :

obèrjin	aubergines
konkonm lonj	concombres longs
konkonm pikan	concombres piquants
krab	crustacés
zépis	épices
poulé boukannen	poulet boucané
latcho kochon	queue de cochon salée

Les fêtes patronales communales

barak jwé
baraques de jeux, stands

chanté domino
chants de dominos

Les fêtes patronales, **lafèt komin**, commencent toujours par une messe en l'honneur du saint patron. C'est là ce qui les caractérise. Si vous êtes de passage entre les mois de juin et de décembre, profitez des animations pour enrichir vos contacts linguistiques.

Sur la place centrale, au milieu des concours de beauté, des courses en sac, des jeux collectifs, dans des stands, des joueurs de domino s'affrontent.

• Domino chanté

Habituellement pratiqué dans la sphère familiale et les cercles d'amis, le domino devient un jeu de défi pendant les fêtes patronales. Les joueurs, hommes ou femmes, qui relèvent le défi, sont observés par les enfants qui n'osent pas s'y aventurer.

Les parties sont très animées. C'est l'art de l'expression tout entier qui s'exerce à travers des gestes amples et les jeux de mots les plus loufoques. Si vous tendez l'oreille, vous entendrez les joueurs prononcer de rapides paroles, à chaque domino posé sur la table. Par ces formules, on cherche uniquement à reproduire les sonorités des mots qui désignent les chiffres des dominos. L'humour, la dérision, sont par ailleurs toujours au rendez-vous pour se moquer des défauts physiques de l'un ou de l'autre. Une véritable connivence lie les joueurs entre eux. C'est à celui qui sera le plus créatif ou spirituel dans le registre caustique ! Entraînez-vous à la diction de ces phrases chantées.

0 = Blan	**Ay blanchi kou lacho.** Va te blanchir comme la chaux.
ou	**Blang dèrò nèg pran danbwa.** Des Blancs sont dehors, les Nègres dans les bois.
ou encore	**Blan kou kaliko jennfi*.** Blanc tel un calicot de jeune fille.

* allusion aux serviettes hygiéniques non jetables

1 = As	**As ti pikan** As petit piquant
ou	**As pirin** As-pirine

2 = Dézi	**Dézi djòl pann** dézi gueule pendouiller Dézi, gueule pendante
ou	**Dézilya, fanm gran danm** dézilia, femme grands pieds Dézilia, femme aux grands pieds

3 = Trwa	**Trwa zilé**
	Trois îlets
ou	**Tri pou tribiché**
	Three pour trébucher (de l'anglais *three*)
ou	**Trwa zilé bagatèl**
	Trois îlets futiles
ou	**Trwa fwa trwa zanchwa pyé laprouwag**
	Trois fois trois anchois au bord de l'Approuague

4 = Kat	**Katrin dé Médisis**
	Catherine de Médicis
ou	**Kat makak monté asou roun pyé zikak ka fè lagrimas.**
	Quatre macaques sont montés sur l'arbre à zicaque et font des grimaces.
ou	**Kalikata, touloulou Sen-Franswa**
	Kalikata, touloulou de Saint-François

5 = Sennk	**Sennkit bokit, péyi nèg anglé**
	Saint-Kitts, pays des nègres anglais
ou	**Ti Sensen apranti kordonnyé koté pèr Klarisyen té ka karésé tèt so vwézen.**
	Ti Sainsain, apprenti cordonnier, chez le père Clarissien, caressait la tête de son voisin.

6 = Siz	**Sizolin, mo fanm**
	Suzoline, ma femme
ou	**Siziki, anjen plaj, blanchèt pakrèt**
	Suziki, engin de plage, blanchette comme une pâquerette

sankenz

ou	**Siriza, chantèz pou lapéti djanmèt wonm-an, fouté'y dèrò.**
	Siriza, chanteuse pour l'appétit femme-légère homme-à-moi, a-foutu'elle dehors
	Siriza la chanteuse, au bénéfice d'une femme légère, son mari l'a répudiée.

Notez aussi des expressions comme :

Pantoli soulyé fantézi, si to pa pouvé jwé ; frapé dé kou.
Pantoli aux souliers fantaisistes, si tu ne peux pas jouer, frappe deux coups.

ou, lorsqu'on a un double :

Mo ka pwenté.
Je pointe.

ou, avant de jouer un double 4, 5 ou 6 , les intraduisibles **fondamanto**, ou **"anyen pa chanjé"** (litt. "rien pas changer").

En Guyane, il y a peu d'occasions de participer à des festivités publiques. Les fêtes communales sont des occasions intéressantes pour voir vivre la population. Alors notez ces dates sur vos agendas pour ne pas rater ces rencontres populaires (la plupart des fêtes communales se déroulent sur quatre mois de l'année, d'août à novembre).

10 juin	jour férié (abolition de l'esclavage) et fête du Saint-Esprit Régina
23 juin	fête de Sainte-Audrey à Montsinéry
24 juin	Tonate / Macouria
11 juillet	Camopi
15 juillet	Mana
8 août	fête de Saint-Dominique à Roura
10 août	fête de Saint-Laurent du Maroni

12 août	fête de Saint-Georges de l'Oyapock
19 août	Saül
20 août	Apatou
24 août	Maripasoula
27 août	fête de Sainte-Monique à Iracoubo
8 septembre	fête de la Nativité à Rémire-Montjoly
17 septembre	fête de Saint-Renaud à Sinnamary et à Saint-Élie
25 septembre	fête de Sainte-Catherine Labouré à Kourou
29 septembre	fête de Saint-Michel à Matoury
15 octobre	fête de Sainte-Thérèse d'Avila à Cayenne
25 novembre	Kourou
30 novembre	fête de Saint-André à Kaw
26 décembre	fête de Saint-Étienne à Régina

Atè Sen Loran, toulédé lannen, yé ka monté oun krakémantò,
à-terre Saint Laurent, tous-les-deux années, il [présent] monter un "craquer-menteur"
À Saint-Laurent, tous les deux ans, un festival de contes est organisé,

pou dòkò-palò tout koté kontré.
pour maîtres-paroles tout endroit rencontrer
pour que les conteurs des quatre coins du monde se réunissent.

Au fil des pages, vous avez fait connaissance avec la Guyane, ses paysages, ses ambiances et sa langue. Maintenant, c'est à vous de mettre en pratique les rudiments appris. Il est temps pour nous de vous souhaiter un séjour agréable.
A kou nou dia, *À bientôt* !

Comme promis, avant de nous quitter, voici les réponses à notre petit quiz, parmi lesquelles beaucoup vous sont maintenant tout à fait familières.

RÉPONSES AU QUIZ

Trempez-vous votre **zakari** au petit-déjeuner ?
C'est bien possible, en Guyane en tout cas, car le **zakari** est une viennoiserie à pâte levée et feuilletée de forme rectangulaire ou carrée. Elle a le goût du pain ; toute la différence réside dans la texture : la mie n'est pas aérée, mais compacte et lisse.

Votre **katourido** est-il lourd ?
Tout dépend de ce qu'il y a dedans, car le **katourido** est un sac à dos en matière végétale fabriqué par les Amérindiens…

Aimez-vous la **kasav** ?
Rappelez-vous, la **kasav** est une grande galette de manioc. Ne manquez pas d'y goûter et vous répondrez **enren** à notre question, avec enthousiasme !

Appréciez-vous les **kontès** ?
Enren, *sans aucun doute*, car la **kontès** est un petit biscuit fin.

Voulez-vous des **sispa** pour la route ?
Enren encore : le **sispa** est une petite galette délicieuse à base d'amidon de manioc et de noix de coco. Elle se conserve bien à l'abri de l'humidité.

Dégustez-vous le **kwak** ?
Le **kwak**, *farine de manioc*, accompagne de nombreux plats. Après quelques jours en Guyane, vous répondrez à coup sûr **enren** !

Avez-vous déjà franchi un **so** ?
C'est un rapide. Vous en franchirez dans une pirogue sur un rapide provoqué par des rochers dans un cours d'eau.

À l'instar des pirates, mangez-vous du **poulé boukannen** ?
Le poulet boucané guyanais est fumé comme au temps des pirates, mais les Créoles en ont fait évoluer le goût en intégrant dans sa préparation du pain rassis, de la canne à sucre, de la citronnelle, sur de la paille de coco et de la feuille de bananier !

Monsieur, saurez-vous serrer contre vous une **touloulou** ?
Oui, quand elle vous fera danser. Mais vous ne verrez jamais son visage, car la **touloulou** est habillée des pieds à la tête de manière à ne pas être reconnue. Une robe ample en tissu brillant orné de dentelles, un masque, une perruque, des gants, un collant constituent tout son attirail.

Vous êtes-vous déjà égaré avec un **maskilili** ?
Enren ! Souvenez-vous : ce maître dans l'art de brouiller les pistes, ce petit diablotin aux pieds devant-derrière tout droit sorti de l'univers des contes ! Il vous a entraîné dans une promenade un peu particulière à Cayenne.

Manmandilo vous a-t-elle fredonné un chant mélodieux ?
Peut-être bien, si vous vous êtes endormi dans une vieille maison guyanaise, car **manmandilo** est un personnage de conte assimilable à une sirène.

Avez-vous déjà dégusté un **atipa** ?
Pas encore, probablement, mais vous aurez certainement la chance de croiser ce poisson de savane qui a traversé les siècles depuis l'ère préhistorique. Il est tout à fait comestible, et même très bon, préparé avec des petits lardons et des oignons.

Madame, sortez-vous avec votre **pagra** ?
C'est un petit panier. Selon sa dimension, il pourra vous servir de sac à main ou de bagage de voyage.

sandinèf

BIBLIOGRAPHIE

Maintenant que le créole guyanais vous est tout à fait familier, voici une liste d'ouvrages pour aller plus loin.

La langue créole

Armande-Lapierre (Odile), Robinson (A.), *Zété kréyòl*, cycle 3, Cayenne, Ibis rouge éditions, n° ISBN 2-84450-180-X, 2004.

Barthelemy (Georges), *Dictionnaire pratique créole guyanais-français*, Cayenne, Ibis rouge éditions, n° ISBN 2-911390-00-8, 285 p., 1995.

Bernabe (Jean), *Grammaire créole : fondas kréyòl-la*, Paris, L'Harmattan, n° ISBN 2-85805-734-X, 205 p., 1987.

Desire (Aude Fawaka), ouvrage collectif sous la direction d'Hector Poullet et Sylviane Telchid, Traduction en créole guyanais des *Fables d'Ésope*, Guadeloupe, PLB éditions, n°ISBN 2-912300-47-9, 126 p., 2002.

Jadfard (Roseline), *Kréòl : guide pratique de conversation en créole guyanais*, Kourou, Ibis rouge éditions, n° ISBN 2-911390-17-2, 117 p., 1997.

Saint-Jacques Fauquenoy (Marguerite), *Analyse structurale du créole guyanais*, éditions Klincksieck, 1972.

Saint-Quentin (A. de), *Étude sur la grammaire créole*, nouvelle édition Région Guyane, Imprimerie Trimag Guyane, 1872, réédité en 1989.

Pour s'initier à la cuisine

Bergeron-Marthy (Nicole), *Le Grand Livre de la cuisine guyanaise,* Paris, éditions Orphie, n° ISBN 978-2-87763-022-1, 271 p., 2000.

Pour en savoir plus sur l'histoire

Comment comprendre un pays sans avoir des bribes de son histoire ? Parmi les nombreux ouvrages de l'historien guyanais, celui -ci résume bien les phases clés.
Mam-Lam-Fouck (Serge), *Histoire générale de la Guyane française des débuts de la colonisation à la fin du XXe siècle. Les grands problèmes,* Guyane, Ibis rouge éditions, n° ISBN 2-84450-163-X, 218 p., 2002.

Romans

Si la fiction vous dépayse, alors voici un roman à lire par exemple pendant vos huit heures d'avion Paris-Cayenne :
Stephenson (Elie), *Où se trouvent les orangers ?* Silex / Nouvelles du Sud, une description humoristique de la société guyanaise, 2000.
James Loe-Mie (Françoise), *Voile de misère sur les filles de Cham,* Ibis rouge éditions. Ce roman dépeint le parcours difficile de femmes, génération après génération, 2002.

nos 47 langues
sont disponibles **chez votre libraire**

Allemand
Anglais
Anglais d'Amérique
Arabe
Basque
Breton
Bulgare
Cantonais
Catalan
Chinois
Coréen
Corse
Croate
Danois
Espagnol
Égyptien hiéroglyphique
Finnois
Français
Grec ancien
Grec moderne
Hébreu
Hindi
Hongrois
Indonésien
Italien
Japonais
Khmer
Latin
Malgache
Néerlandais
Norvégien
Occitan
Persan
Polonais
Portugais
Portugais du Brésil
Roumain
Russe
Sanskrit
Suédois
Swahili
Tchèque
Thaï
Turc
Ukrainien
Vietnamien
Yiddish

Tous ces cours
sont accompagnés d'enregistrements et existent désormais en version numérique.
Dans certaines langues, des cours de perfectionnement sont également disponibles.

Les méthodes Assimil

Collection Sans Peine

Pour vous permettre d'apprendre les langues avec plaisir et aisance, Assimil applique dans ses méthodes un principe exclusif, très simple mais efficace,

l'assimilation intuitive®

Ce principe reprend (en l'adaptant) le processus naturel grâce auquel chacun d'entre nous a appris sa langue maternelle.
Très progressivement, au moyen de dialogues vivants, de notes simples et d'exercices, Assimil vous mène du b.a.-ba à la conversation courante.
Durant la première partie de votre étude (appelée phase passive), vous vous laissez imprégner par la langue en lisant, écoutant et répétant chaque leçon.
Au bout de 50 leçons, vous entamez la phase active qui vous permet d'appliquer les structures et mécanismes assimilés, tout en continuant à progresser.

En peu de mois, quelle que soit la langue choisie, vous êtes capable de parler sans effort ni hésitation, de manière très naturelle.

LEXIQUES

CRÉOLE – FRANÇAIS

A

ababa	simplet
abavan	véranda
achté	acheter
adrèt	à droite
ago	pardon
agoch	à gauche
agouti	petit rongeur
a kilès	lequel
a kouman ?	comment ?
alé	aller, partir ; mourir
alèrji	allergie
almanna	calendrier
anba	en bas
anba-anba	sournois
anboutèyaj/blokis	embouteillage
andidan	à l'intérieur
anmizé (roulé)	s'amuser
annan	dans
anprann	apprendre
antann	attendre
antété	têtu
anvan	avant
anvan yèr	avant-hier
anvi	envie
anvil	en ville
anyen	rien
apamol	espadrilles
apiyé	s'appuyer
apré dimen	après-demain
aprézan	maintenant
apyé	à pied, pédestre
arè	arrêt
arennyen	araignée
arennyen krab	mygale
ari	rire
ariko	haricot vert
asou	sur, au-dessus
aspirin	aspirine
aswè	soir
atipa	poisson préhistorique
atò	maintenant
avoka	avocat (homme de loi & fruit)
avril	avril
avyon	avion
awa	non
ayè	hier

B

babyé	rouspéter
bakfoul	rempli
balan	vitesse
ban	banc
bangn	bagne
bann	bande

sanvensenk 125

bar	bar	**bon tchò**	gratuit
barak	baraque	**bòt lapli**	bottes en caoutchouc
bat	battre		
baté	bâtée	**bouch**	bouche
batri	batterie	**bouden**	ventre
bay	donner	**bouden kréyòl**	boudin créole
bay blag	plaisanter	**boug**	mec, bougre
baydivan	sommaire	**bouji**	bougie
bazil	mort *(f.)*	**boukan**	lit
bèl	beau	**boulé**	brûler
bélenbi	sorte de cornichon	**bounyon**	bouillon
		bousòl	boussole
bélina	lit	**bout**	bout
Bèlj	Belge	**boutché**	fleur
bèlté	beauté	**bouyi**	bouillir
ben	bain	**bouyon**	bouillon
bèrséz	rocking-chair	**boyo**	boyau, intestin
bèt	bête ; truc ; quelque chose	**bra**	bras
		brennen	remuer
hèt danbwa	bête sauvage	**briga**	se battre
bètabondjé	coccinelle	**hwa**	bois
bibliyotèk	bibliothèque	**bwabandé**	bois bandé
bèt long	serpent	**bwadenn**	bois d'Inde
bidon	gourde	**bwè**	boire
biro pou chanjé soumaké	bureau de change	**bwè ké manjé pou Nwèl**	réveillonner
bisbonm	chapeau haut-de-forme	**bwéson**	boisson
		byen	bien
biyé	billet	**byenvini**	bienvenue
blan	blanc		
blé	bleu	## CH	
bliyé	oublier		
blokis	embouteillage	**chagren**	chagrin
bloublou	duper	**chak**	chaque
bo	baiser *(m.)*, embrasser	**chakalé**	rouspéter
		chanjé	changer
bò	près de	**chanm**	chambre
bòdzè	élégant	**chanm a ben**	salle de bains
bokou	beaucoup	**chanm lajòl**	cellule
bonjou	bonjour	**chanpagn**	champagne
bonmarché	bon marché	**chans**	chance
bonswè	bonsoir	**chapé**	s'enfuir, s'évader
		charyé	transporter

chèk	chèque
chè	cher
chèz	chaise
chif	chiffre
chimen	chemin
chimiz	chemise
chivé	cheveu/x
chivi	cheville
chofèr taksi	chauffeur de taxi
chouchin	dachine, taro
chouchoun	sexe féminin
chouval	cheval
chouval bwa	manège
chwézi	choisir
chwit	délicieux
chyen	chien

D

dachin	dachine, taro
dakò	d'accord
dalo	caniveau
dan	dent
danbwa	forêt
dansé	danser, danse
dantis	dentiste
darlòz	promesse
dé	deux
débat	se débattre
dégra	appontement pour l'accostage/lieu de marché
denm	dinde
dépalé	se contredire
dépité	député
déplasé	se déplacer
dérédi	s'étirer
désanm	décembre
désann	descendre
dèyè	derrière
dèyè tèt	nuque
dézagréman	ennui
di	dire
diférans lèr	décalage horaire
dilo	eau
dilo béni	eau bénite
dilo cho/frèt	eau chaude/froide
dilo koko	eau de coco frais
dilwil	huile
dilwil pamakristit	huile de carapate
dimen	demain
dimi-pansyon	demi-pension
dipen	pain
dirèktò	directeur
dis	dix
disan	sang
disèt	dix-sept
distribitè soumaké	distributeur (d'argent) automatique
divan	devant
fron	front
divan	sexe féminin
diven	vin
divini	devenir
diznèf	dix-neuf
dizwit	dix-huit
djal	flirt
djété	guetter
djob	petit boulot
djokoti	accroupi
djoubaté	se démener
dòkò	sage *(m.)*
dokonnon	pâtisserie
dòktò	docteur, médecin
dòktò-wèy	oculiste
dolo	proverbe
doudou	chéri/e
doumandé	demander
douri	riz
dousin	plaisir
dousman	doucement, lentement

douz	douze	**fenyan**	fainéant
dra	draps	**févriyé**	février
drèt	droit ; juste	**féy**	feuille
drivé	flâner	**fika**	être
dròl	bizarre, drôle	**fizé**	fusée
dronmi	dormir	**flèkè**	maigrichon
		flèr	fleur
E		**fò**	fort
échapman	pot d'échappement	**fokòl**	affront, outrage, paroles blessantes
ékri	écrire	**fòlman**	sexe féminin
ékwatèr	équateur	**fotéy**	fauteuil
élèktrisyen	électricien	**fotograf**	photographe
enfirmièr	infirmière	**foufoun**	sexe féminin
enpé	beaucoup	**fouyaya**	curieux
enpridans	risqué	**Fransé**	Français
enpyòk	handicapé	**fronmi**	fourmi
enren	oui	**frwi**	fruit
entèl	untel	**frwiyapen**	fruit à pain
épi	avec	**fwa**	fois , foie
érézman	heureusement	**fwa gra**	foie gras
ès ?	est-ce que ?	**fyon**	outrage, paroles blessantes
éséyaj	essai		
èskandal	scandale	**G**	
èskélèt	squelette	**gadé**	regarder
èskizé	excuser	**gadò**	médium
èsklav	esclave	**galta**	grenier
èstasyon taksi-a	station de taxis	**gan twalèt**	gant de toilette
èstébékwé	être surpris	**gangan**	ancêtre/s
éswi glas	essuie-glace	**ganyen**	avoir
		gaya	dégourdi
F		**gélengé**	écureuil
faktèr	facteur	**gen**	avoir
fal	poitrine	**géri**	guérir
fala	draguer, courtiser	**giché**	guichet
fanm	femme	**gidi-gidi**	vite ; agitation
fè	faire	**gogo**	fesses
fè dyèz	faire des manières	**gòl**	linge d'intérieur
fè nika	exécuter des pas de danse	**graj**	râpe
féb	faible	**gran danbwa**	forêt exubérante
fen	faim		

gran lasal	hall
granmoun	vieillesse
grémési	merci
grès sèrpan	graisse de serpent
gri	gris
griyen	grimacer
gròs	enceinte (femme)

I

i	il/elle
idé	aider
imidité	humidité
imité	imiter
initil	insignifiant
istwè	histoire

J

janbé	franchir
janm	jambe
janmen	jamais
janti	sympathique
janvyé	janvier
jédi	jeudi
ji bannann	jus de banane
ji zoranj	jus d'orange
jip	jupe
jipon	jupon
jiromon	giraumon, citrouille
jòlòt	mignon
jonn, jòn	jaune
jouk	jusqu'à
jounou	genou
jouré	insulter
jwé	jouer
jwen	juin
jwenn	rencontrer
jwiyé	juillet

K

kaba	déjà
kabann	lit
kabiné	toilettes, w.c.
kabrit	chèvre
kaka bouji	bougie fondue
kakadlo	diarrhée
kako	marron
kalawanng	salade épicée de fruit vert
kalenbé	cache-sexe
kalkilé	calculer ; réfléchir
kalòj	cage pour poule, poulailler ; clapier
kalòt	gifle
kamougé, kanmougwé	nom d'une danse
Kanadjen	Canadien
kanèl	cannelle (en écorces)
kannal	caniveau
kannari	marmite
kannaval	carnaval
kannon	canot
kapo	capot
kapòt	préservatif
kapon	lâche, poltron
kapsé	mourir
kar	bus
karant	quarante
kardèr	quart d'heure
kari	curry
karòt	carotte
kart labank	carte bancaire
kartché	quartier
kartché disiplinè	quartier disciplinaire
kasav	cassave
kasé	casser
kat	quatre
kat chimen	croisée, carrefour
katouri	chapeau de paille

kawka	se taire
kaz	maison
ké	avec
ké	quai
kèkèt	sexe féminin
kénèt	quénette
kenz	quinze
kès	caisse
ki bagaj ?	quel truc ?
ki bèt ?	quel truc ?
kilès	lequel
kiltivatè	cultivateur
kimoun ?	qui ?
kisa ?	quoi ?
kitan ?	quand ?
kité	partir ; quitter
klou jiròf	clou de girofle
kò	corps
kòk	coq
koké	faire l'amour
koko	noix de coco ; sexe masculin
kolé	tout près ; coller
komin	village
komou	lait de comou
konkonm	concombre
konkour	concours
konmyen ?	combien ?
konnèt	connaître
konnyen	cogner
konparézon	prétentieux
konpè	compère
konprann	comprendre
kont	conte
kontan	content
konté	compter
kontès	pâtisserie
koté	où ; chez ; destination
koté pou lwé loto	agence de location de voitures
koté pou trapé niouz	point information, accueil
kou	cou
koulèr	couleur
koulèv	couleuvre
kouman/a ?	comment ?
koumansé	commencer
kouri	courir
kouskous	igname
kouté	écouter
kouto	couteau
kozé	discuter
kouzou	fruit de la passion
kréyòl	créole
krik	crique ; cours d'eau
krisifi	crucifix
kriyé	pleurer
kwafèr	coiffeur
kwak	farine de manioc
kwata	singe araignée
kwi	demi-calebasse
kwizinyèr	cuisinière

L

labaz	base de lancement
labou	boue
labyè	bière
ladévenn	malchance, malheur
ladjidjit	diarrhée
laéropòr	aéroport
lafèt komin	fête communale
lafinèt	fenêtre
lafyèv	fièvre
lagratich	anoli
lagwiyàn	Guyane
laklé	clé
lakou	cour
lakrwa	croix

lakwizin	cuisine
lalin	lune
lang	langue
lanmen	main
lanmonnen	monnaie
lannen	année
lanpwa	amidon
lansan	encens
lapen	lapin
lapli	pluie
lapo	peau
lapo wèy	paupière
lapòs	poste *(f.)*
lapòt	porte
lapousyè	poussière
lapriyè	prière
larò	en haut
larò grenyen	grenier
las	fatigué
lasimenn	semaine
lasoup zonyon	soupe aux oignons
latousen	Toussaint
lavésèl	vaisselle
lay	ail
lé	vouloir
légim	légume
légliz	église
lélé	mélanger
lèlè	efféminé
lélékou	ennuis
léròl	nom d'une danse
lésans	essence
lésé	quitter, laisser
lèstomak	buste, estomac, poitrine
li	il/elle
limyèr	feux (voiture)
limyèr panga	feux de détresse
lis liv	bibliographie
lò	or ; quand
lolo	sexe masculin
long long	serpent
lopital	hôpital
loratèr	orateur
lorlòj	horloge
losyon kont marengwen	lotion anti-moustique
loto	voiture
lwé	louer
lwen	loin

M

machwè	mâchoire
madanm	madame
magazen	magasin
magazen souvénir	boutique de souvenirs
mak	gros moustique
makòkòt	lesbienne
makoumè	gay
malèt	valise
mal tèt	mal à la tête
mal vant	mal au ventre
malò	malheur
manaré	tamis
mang	mangue
manjé	manger, s'alimenter ; pique-nique
manjò fronmi	tamanoir
manman dilo	sirène
manyen	toucher
marakoudja	fruit de la passion
marchann	marchande
marchann poson	poissonnier/-ière
marché	marché
maré	attacher
marengwen	moustique
marké	écrire
marké palò	écrivain
maron	marron

mars	mars	mouri	mourir
masak	devinette	mové radjé	mauvaises herbes
masigondé	égout		
maskilili	personnage de conte	mwa	mois
		mwens	moins
matchoukann	ceinture autour de la taille		

N

najé	nager
nannan	ananas
nèf	neuf (nombre)
nèg	nègre
nèg lajòl	prisonnier
nèg maron	esclave fugitif
nèg nòv	inculte
nen	nez
nétwayé, nétyé	nettoyer
néyé	se noyer
nòv	neuf *(adj.)*
novanm	novembre
nwè	noir
Nwel	Noël

mayouri	travail collectif
mé	mai ; voilà
méchan	mignon ; formidable
médikaman	médicament
men	voilà
menm	même
mennen	emmener
mèr	maire
mèt lékòl	enseignant, instituteur
mèt pyayò	sorcier
midi	midi
mil	mille
milat	mulâtre
militèr	militaire
minwi	minuit
miskad	muscade
mitan	milieu
miyò	mieux ; préférer
mizé	musée
mo	je, moi
mo chapé	je m'en vais
mo kontan	j'aime
mont	montre
montangn	montagne
moso	un peu
motèr	moteur
mouch a myèl	abeille
mouché	monsieur
moun	personne
moun ka bay lari chenn	flâneur

O

obèrjin	aubergine
obò	à côté
ofon	à l'intérieur
òktòb	octobre
omarché	au marché
onz	onze
oranj	orange
orévwar	au revoir
oro	peut-être
osi	aussi
ou	vous
ou a ou kaz	bienvenue
oun	un/e
oun tibi	un petit peu
ounlo	beaucoup
ounso	tout seul
out	août

P

pa	négation
pa ki bò	de quel côté
pagra	panier
palé	parler
palò	parole
pandòrè	boucles d'oreilles
panga	attention
pankò	pas encore
pann lésans	panne sèche
pansman	pansement
papyé twalèt	papier hygiénique
pasou-mouton	aï, paresseux
pas	parce que
paspété	queue de pie
pasyans	patience
pata-pata	bavarder
patat dous	patate douce
patché	beaucoup ; paquet
patché moun	foule
pati	partir
payas	lit
péchò	pêcheur
pédi	perdre
pentiré	peindre
penyen	coiffer
pèrsil	persil
persyèn	persienne
pété blo	se disputer
pikir	piqûre
pitèt	peut-être
piti	petit/e
laplaj	plage
plen	rempli
plen ké oto	embouteillage
plenn	se plaindre
pliché	éplucher ; dérouiller
plis	plus
plonbyé	plombier
pòkò	pas encore
pon	pont
ponm	pomme
ponm lyann	fruit de la passion
ponm-sitè	pomme de cythère
ponrivé	destination
pòpòt	bagnard
poson	poisson ; sexe masculin
poté	porter
pou	pour
pou bon tchò	gratuit
pou kimoun ?	pour qui ?
poukisa	pourquoi
pouvé	pouvoir
pran	prendre
prété	emprunter
pri	prix
pri	tarif
pripri	marécage
profésò	professeur
pronmennen	promenade
pronmnen apyé	randonnée pédestre
pronmèt	promesse
pròp	propre
pròpté	nettoyer
pwav	poivre
pwèl	poil
pwèl wéy	cil
pwéson	poisson ; sexe masculin
pyanm pyanm	couci-couça

pyay	sorcellerie ; sortilège ; magicien-guérisseur
pyayé	ensorceler
pyayò	sorcier
pyé	pied
pyé korosòl	corossollier
pyé mang	manguier
pyé palmis	palmiste
pyé tamaren	tamarinier
pyébwa	arbre

R

raché	arracher
radjé	herbe
rakaba	racines
randé	rembourser
rantré	entrer
rayi	détester, haïr
réken	requin
rélé	crier
ren	rein
révèy	réveil
rézèrvé	réserver
rivé	arriver
rot	haut
ròt	autre
rou	roue
rouj	rouge
roumen	remuer
roun	un/e
rounso	tout/e seul/e
rozé	arroser

S

sa	être ; cela
sal	sale
salamanjé	salle à manger
salon	salon
san	cent ; sang ; sans
san anyen	fauché
san pran van	sans cesse
santi	ressentir ; puer
santravay	chômeur
sapoti	sapotille
sasé	chercher
satélit	satellite
savé	savoir
savon	savon
séansyé	médium qui communique avec les morts
sèk	sec
sèktanm	septembre
sèl	sel
sen	saint
senk	cinq
sèptanm	septembre
séré	se cacher
sériz-péyi	cerise-pays
sèrkéy	cercueil
sèrpan	serpent
sèrvis présé-présé	urgences
sèrvyèt twalèt	serviette de toilette
sètanm	septembre
siléma	cinéma
silwil risen	huile de ricin
simenn	semaine
simitchè	cimetière
sinobòl	glace pilée enrobée de sirop
sirèt	surette
sispa	galette de manioc et de noix de coco
skòrpyon	scorpion
so	son, sa, ses ; rapide
sò	sœur
soda	soldat
solèy	soleil

soukou	obscurité
soumaké	argent
souplé	s'il vous plaît
sousouri	chauve-souris
swasant	soixante
swen	soigner
syèj	siège
syo	seau

T

tab	table
takari	perche
taksi	taxi
taksiko	taxi collectif, transport collectif
talon	talon
tandé	entendre
tant	tente
tchenbé	tenir
tchenbétchò	petit-déjeuner
tchenbwa	sortilège
tchò	cœur
tchoké	frapper
tchoulé	reculer
tchwé	tuer
téléfòn	téléphone
ten	thym
tenm	timbre
téré	enterrer
terminal	terminal
tèrminis	terminus
tèt	tête
tété	sein/s
tiba	bisou (pour les enfants)
tibyèbyè	pourboire
ti-lanmonnen	pièces jaunes
ti-chimen	sentier
tig	jaguar
ti-karès	caresse
ti-lwi	petit-louis
timoun	enfants
titalò	tout à l'heure
tonbé	tomber
tonm	tombe
toti	tortue
toujou	toujours
toulong	sans interruption
touloulou	personne déguisée
tousé	toux ; tousser
tout	tout
traka	ennui
trant	trente
trapé	attraper
trapé tren	se quereller
trèz	treize
trous sékour	trousse de secours
trwa	trois
twalèt	toilettes

V

valiz	valise
vandé	vendre
vaniy	vanille
vanmennen	étranger
vant	ventre
variché	avare
vayan	mignon ; formidable
ven	vingt
vèrt	vert
vini	venir
vit	vite ; vitre
vitman	vite
vòlò	voleur
vronmi	vomir
vwayaj	voyage
vyann	viande
vyé	vieux
vyolèt	violet

W

wara	awara
wè	voir
wéy	œil, yeux
wichi-wichi	ragot ; murmure
wonm	homme

Y

yanm	igname
yanman	forêt dense
yé	ils, eux ; leur/s

Z

zaboka	avocat
zafè	affaires
zakari	viennoiserie
zandoli	anoli
zannana	ananas
zégwi	aiguille
zépina péyi	épinard
zépòl	épaule
zétwèl	étoiles
zizimtolé	lit à colonnes
zonbi	zombi, mort vivant
zonyon péyi	cive, ciboulette
zonyon	oignon
zòrè	oreille/s
zozo	oiseau ; sexe masculin
zwit	huître

FRANÇAIS – CRÉOLE

A

abeille	mouch myèl
abord (d'~)	pou komansé
accord (d'~)	dakò
accroupi	djokoti
accueil	koté pou trapé niouz
acheter	achté
adulte	granmoun
aéroport	laéropòr
affaire	zafè
affront	fokòl
âge	laj
agence de location de voitures	koté pou lwé loto
agir	aji
agitation	gidi-gidi
aï	pasou-mouton
aider	idé
aiguille	zégwi
ail	lay
aimer	kontan
alimenter (s'~)	manjé
aller	alé
allergie	alèrji
amérindien	endjen
ami	kanmarad, kòlèg
amidon	lanpwa
amuser (s'~)	anmizé, roulé
ananas	zannana
ancêtre	gangan
ancien esclave	nèg maron
année	lannen
anoli	lagratich, zandoli
août	out
à pied	apyé
appontement pour l'accostage	dégra
apporter	poté
apprendre	anprann
appuyer (s'~)	apiyé
apprendre	aprann
après-demain	apré dimen
araignée	arennyen
arbre	pyébwa
argent	soumaké
arracher	raché
arrêt	arè
arrêter	arété, fin ké sa
arriver	rivé
arroser	rozé
asseoir (s'~)	asiz
aspirine	aspirin
assiette	zazyèt
attacher	maré
attendre	antann
attention	panga
attraper	trapé
au revoir	orévwar
aubergine	obèrjin
au-dessus	asou
aujourd'hui	jodla
aussi	osi
automobile	loto
autre	ròt
avant	anvan
avant-hier	anvan yèr
avant-propos	palò divan
avare	variché
avec	épi, ké
avion	avyon
avocat (tous sens)	avoka
avoir	ganyen, gen
avril	avril
awara	wara

santrannsèt 137

B

bagnard	pòpòt
bagne	bangn
bain	ben
baiser	bo
balayer	balé
banc	ban
bande	bann
bar	bar
baraque	barak
bas (en ~)	anba
base de lancement	baz lansman
bâtée	baté
batterie	batri
battre	bat, konyen
battre (se ~)	briga
bavarder	pata pata
beau	bèl, jòlòt
beaucoup	bokou, roumlo, roun patché, soso
beauté	bèlté
Belge	Bèlj
bête	bèt
bête sauvage	bèt danbwa
bibliographie	lis liv
bibliothèque	bibliyotèk
bien	byen
bienvenue	ou a ou kaz
bière	labyè
billet	biyé
bisou	ba
bizarre	dròl
blanc	blan
bleu	blé
bœuf	béf
boire	bwè
bois	bwa
bois bandé	bwabandé
bois d'Inde	bwadenn
boisson	bwéson
bon marché	bonmarché
bonjour	bonjou
bonsoir	bonswè
bottes en caoutchouc	bòt lapli
bouche	bouch
boucle d'oreille	pandòrè
boudin créole	bouden kréyòl
boue	labou
bougie	bouji
bougie fondue	kaka bouji
bougre (homme)	boug
bouillir	bouyi
bouillon	bounyon, bouyon
boussole	bousòl
bout	bout
bouteille	boutéy
boutique de souvenirs	magazen souvnir
boyau	boyo
bras	bra
bruit	dézòrd, wélélé
brûler	boulé
bureau de change	biro pou mòr fwazé soumaké
bus	kar
buste	lèstomak

C

cacher (se ~)	séré
cache-sexe	kalenbé
cage à poule	kalòj
caisse	kès
calculer	kalkilé
calebasse	kalbas
calendrier	almanna
Canadien	Kanadjen
caniveau	dalo, kannal
cannelle (en écorces)	kanèl
canot	kannon
capot	kapo
caresse	madousinaj

carnaval	kannaval		cil	pwèl wéy
carotte	karòt		cimetière	simitchè
carrefour	kalfou		cinéma	siléma
carte bancaire	kart labank		cinq	senk
cassave	kasav		citrouille	jiromon
casser	kasé		cive	zonnyon péyi
ceinture	matchoukann		clapier	kalòj lapen
cela	sa		clé	laklé
cellule	chanm lajòl		clou de girofle	klou jiròf
cent	san		coccinelle	bètabondjé
cercueil	sèrkèy		cœur	tchò
cerise-pays	sériz-péyi		cogner	konyen
cesse (sans ~)	san pran van		coiffer	penyen
chagrin	chagren, lenbé		coiffeur	kwafèr
chaise	chèz		coller	kolé
chaleur	chalò		combien ?	konmyen ?
chambre	chanm		commander	koumandé
champagne	chanpàn		commencer	koumansé
chance	chans		comment	akouman
changer	chanjé		comment ?	kouman ?
chanter	chanté		comment allez-vous ?	a kouman ou fika ?
chapeau de paille	katouri			
chapeau haut-de-forme	bisbonm		compère	konpè
			comprendre	konprann
chaque	chak		compter	konté
chauffeur de taxi	chofè taksi		concombre	konkonm
chauve-souris	sousouri		concours	konkour
chemin	chimen		conduire	kondwi
chemise	chimiz		connaître	konnèt
chèque	chèk		conte	kont
cher	chèr		content	kontan
chercher	sasé		contredire (se ~)	dépalé
chéri/e	doudou		coq	kòk
cheval	chouval		corossollier	pyé korosol
cheveu/x	chivé		corps	kò
cheville	chivi		côté (à ~)	obò
chèvre	kabrit		cou	kou
chez	koté		couci-couça	pyanm pyanm
chien	chyen		couleur	koulèr
chiffre	chif		couleuvre	koulèv
choisir	chwézi		cour	lakou
chômeur	pandriyò		courir	kouri
ciboulette	zonyon péyi		cours d'eau	krik

courtiser	**fala**	dérouiller	**pliché**
couteau	**kouto**	derrière	**dèyè**
coûter	**kouté**	descendre	**désann**
créole	**kréyòl**	destination	**dèstinasyon**
creuser	**fouyé**	détester	**rayi**
crier	**kriyé**	deux	**dé**
crique	**krik**	devant	**divan**
croisée	**kat chimen**	devenir	**divini**
croix	**krwa**	devinette	**masak-masak**
crucifix	**krisifi**	diarrhée	**kakadlo, ladidjit**
cuire	**tchwit**	dinde	**dend**
cuisine	**lakwizin**	dire	**di**
cuisinière	**kwizinyèr**	directeur	**dirèktò**
cultivateur	**kiltivatè**	discuter	**kozé**
curieux	**fouyaya, pyòpyò**	disputer (se ~)	**pété blo**
curry	**kari**	distributeur (d'argent) automatique	**distribitèr soumaké otomatik**

D

dachine	**dachin, chouchin**	dix	**dis**
dans	**annan**	dix-huit	**dizwit**
danse	**dans**	dix-neuf	**diznèf**
danser	**dansé**	dix-sept	**disèt**
danses traditionnelles	**dansé péyi**	docteur	**dòktò, mèdsen**
débattre (se ~)	**débat**	doigt	**dwèt**
décalage horaire	**dékalaj lèr**	donner	**bay, ba**
décembre	**désanm**	dormir	**dronmi**
déchirer	**déchiré**	doucement	**dousman**
décider	**désidé, fé lidé**	douze	**douz**
dégourdi	**gaya**	draguer	**fala**
déjà	**kaba, ja**	draps	**dra**
déjeuner	**doujnen**	droit	**drèt**
délicieux	**chwit**	droite (à ~)	**adrèt, asou lanmen drèt**
demain	**dimen**		
demander	**doumandé**	drôle	**dròl**
démangeaison	**lagratèl**	duper	**bloublou**
démener (se ~)	**djoubaté**		
demi-calebasse	**kwi**	### E	
demi-pension	**dimi-pansyon**	eau	**dilo**
dent	**dan**	eau bénite	**dilo béni**
dentiste	**dantis**	eau chaude/froide	**dilo cho/frèt**
déplacer (se ~)	**déplasé sokò**	eau de coco frais	**dilo koko**
député	**dépité**	écouter	**kouté**

écrire	marké, ékri
écrivain	markè palò
écureuil	gélengé
efféminé	lèlè
église	légliz
égout	masigondé
électricien	èlèktrisyen
élégant	bòdzè
elle	i
embouteillage	anboutèyaj, blokis
embrasser	bo
emmener	mennen
emprunter	prété
enceinte (femme)	gròs
encens	lansan
enfant	timoun
enfuir (s'~)	chapé
enlever	tiré
ennui	lélékou, traka
enseignant	mèt lékòl
ensemble	ansanm
ensorceler	pyayé, maré
entendre	tandé
enterrer	téré
entrer	rantré
envie	anvi
envoyer	voyé
épaule	zépòl
épinard	zépina péyi
éplucher	pliché
équateur	ékwatèr
esclave	èsklav
espadrilles	apamol
espérer	espéré
essai	éséyaj
essence	lésans
essuie-glace	èswiglas
est-ce que ?	ès ?
estomac	lèstomak
étirer (s'~)	dérédi
étoile	zétwèl
étranger	vanmennen
être	fika, sa
eux	yé
évader (s'~)	chapé
excuser	èskizé

F

fâcher	kòlè
facteur	faktèr
faible	féb
faim	fen
fainéant	fenyan
faire	fè
faire des manières	fè djèz, gen djèz
faire l'amour	koké
famille	fanmi
farine de manioc	kwak
fatigué	las
fauché (sans argent)	san anyen
fauteuil	fotéy
femme	fanm
fenêtre	lafinèt
fermer	fronmen
fesses	gogo
fête communale	lafèt komin
feu	difé
feuille	féy
feux (voiture)	limyèr
feux de détresse	limyèr an danjé
février	févriyé
fièvre	lafyèv
fille	tifi
finir	fini
flâner	drivé
flâneur	drivayò
fleur	flèr
flirt	djal
foie	fwa
foie gras	fwa gra
fois	fwa
force	fòrs
forêt	danbwa

forêt dense	yanman
forêt exubérante	gran danbwa
formidable	vayan, jòlòt, méchan
fort	fò
foule	patché moun
fourmi	fronmi
Français	Fransé
franchir	janbé
frapper	tchoké
frère	frè
froid	frèt, frédi
front	divan tèt
fruit	frwi
fruit à pain	frwiyapen
fruit de la passion	ponm lyann, marakoudja, kouzou
fusée	fizé
fusil	fizi

G

gagner	ganynen
gant de toilette	gan twalèt
garçon	tiboug
garder	gadé
gauche (à ~)	agoch
gay	makoumè
genou	jounou
gens	moun
gifle	kalòt
giraumon	jiromon
glace pilée enrobée de sirop	sinobòl
gourde	bidon
graisse de serpent	grès sèrpan
grand	ròt
grenier	galta, laro grenyen
grimace	griyen

gris	gri
gros	bidim
gros moustique	mak
guérir	géri
guetter	djété, véyé
guichet	giché
guyanais/e	gwiyanè/z
Guyane	lagwiyàn

H

habiller (s'~)	abiyé sokò
habiter	rété
haïr	rayi
hall	òl
handicapé	enpyòk
haricot vert	ariko
haut	ròt
haut (en ~)	larò
herbe	radjyé
heure	lèr
heureusement	érèzman
heureux	kontan kou oun sousouri
hier	ayè
histoire	istwè
homme	wonm
homosexuel	makoumè
hôpital	lopital
horloge	lorlòj
huile	luil
huile de carapate	lwil karapat
huile de ricin	lwil risen
huître	zwit
humide	imid
humidité	imidité

I

igname	kouskous, yanm
il	i
ils	yé
imiter	détenn
inculte	koutcha
infirmière	enfirmièz

Français	Traduction
insignifiant	initil
instituteur	mèt lékòl
insulter	jouré
intérieur (à l'~)	andidan, ofon
interruption (sans ~)	toulong
intestins	boyo
inutile	initil
inverser	divandèyè

J

Français	Traduction
jaguar	tig
jamais	janmen
jambe	janm
janvier	janvyé
jaune	jonn
je	mo
jeter	jité
jeudi	jédi
joli	jòlòt
jouer	jwé
journée	lajounen
juillet	jwiyé
juin	jwen
jupe	jip
jupon	jipon
jus de banane	ji bannann
jus d'orange	ji zoranj
jusqu'à	jouk
juste	drèt

K

Français	Traduction
kilo	kilo
kilomètre	kilomèt

L

Français	Traduction
lâche	kapon
laisser	lésé, kasé
lait de comou	dilèt komou
langue	lang
lapin	lapen
laver (se ~)	lavé, lavé sokò
légume	légim
lentement	dousman
lequel	kilès, a kilès
lesbienne	makòkòt, fé zanmi
linge d'intérieur	bébélé
lire	li
lit	lit, bélina, boukan, payas, zizimtolé
lit à colonnes	zizimtolé
loin	lwen
lotion anti-moustique	losyon pou marengwen
louer	lwé
lune	lalin

M

Français	Traduction
machin	bèt
mâchoire	machwè
madame	man, madanm
magasin	magazen
magicien-guérisseur	piay
mai	mé
maigre, maigrichon	mèg, mégzo, flégédék, flòkò
main	lanmen
maintenant	atò
maire	mèr
maison	kaz
maison (à étage)	kaz otéba
mal à la tête	mal tèt
mal au ventre	mal vant
malchance (malheur)	ladenn, malò, dévenn
manège	chouval bwa
manger	manjé
mangue	mang
manguier	pyé mang
manioc (en petits grains)	kwak
manquer	manké
marchande	marchann

sankaranntrwa 143

marché	marché, dégra
marécage	pripri
marmite	kannari, chalfouk, chòdjé
marron	kako, maron
mars	mars
matin	bonmanten
mauvais	mové
mauvaises herbes	mové radjé
mec	boug
médecin	doktò, mèdsen
médicament	médikaman
médium	gadò
mélanger	lélé, mélanjé
même	menm
merci	grémési
mettre	mété
midi	midi
mieux	miyò
mignon	jolot, obidjoul
milieu	mitan
militaire	militèr
mille	mil
minuit	minwi
moi	mo
moins	mwens
mois	mwa
monnaie	lanmonnen
monsieur	mouché
montagne	montann
montre	mont
montrer	fè wè
mort (f.)	bazil
mort vivant	zonbi
moteur	motèr
mourir	alé, kapsé
moustique	marengwen, mak
mulâtre	milat
murmure	wichi-wichi
muscade	miskad
musée	mizé
mygale	arennyen krab

N

nager	najé
naître	fèt
nègre	nèg
nettoyer	nétwayé, nétyé
neuf	nèf
nez	nen
Noël	Nwèl
noir	nwè
noix de coco	koko
non	awa, anwa, en-en
nourriture	manjé
novembre	novanm
noyer (se ~)	néyé
nu	toutouni, touni
nuit	soukou, lannwit
nuque	dèyè tèt

O

obscurité	soukou
occuper	okipé
octobre	oktòb
oculiste	doktò-wèy
odeur	lodò
œil/yeux	wèy
œuf	dizé
oignon	zonyon
oiseau	zozo
ongle	zong
onze	onz
or	lò
orange	oranj
orateur	loratèr
ordure	briyé
oreille/s	zòrè
où	koté
où ?	koté ?, kikoté ?
oublier	bliyé
oui	enren
outrage	fyon
ouvrir	louvri

P

pain	dipen
palmiste	pyé palmis
panier	pagra
panne sèche	pann lésans
pansement	pansman
papier hygiénique	papyé twalèt
Pâques	Pak
paquet	patché
par où ?	koté?, kikoté ?
parce que	pas
pardon	ago
paresseux (adj.)	fényan
paresseux (aï)	patou-mouton
parler	palé
parole	palò
paroles blessantes	fyon
partir	alé, kité, pati
pas encore	pankò, pòkò
patate douce	patat dous
patience	pasyans
pâtisserie	dokonnon, kontès
paupière	lapo wèy
pays	péyi
peau	lapo
pêcheur	péchò
pédestre	apyé
peindre	pentiré
penser	sonjé, chonjé, kalkilé
perche	takari
perdre	pédi
permettre	gen toupé pou
persienne	pèrsièn
persil	pèrsil
personne	moun
personne déguisée	touloulou
petit	piti
petit boulot	djob
petit-déjeuner	tchenbétchò
petit rongeur	agouti
petit-louis (oiseau)	ti-lwi
peut-être	oro
philtre de séduction	mennen vini
photographe	fotograf
pièces jaunes	ti-lanmonnen
pied	pyé
pique-nique	kaskrout
piqûre	pikir
plage	laplaj
plaindre, se plaindre	plenn
plaisanter	bay blag
plaisir	dousin
pleurer	pléré
plombier	plonbyé
pluie	lapli
plus	plis
plusieurs	oun patché
poil	pwèl
point information	koté pou trapé niouz
poisson	poson, pwéson
poissonnier/-ère	marchann poson
poitrine	fal
poivre	pwav
poltron	kapon
pomme	ponm
pomme de cythère	ponm-sité
pont	pon
porte	lapòt
porter	poté
poste (f.)	lapòs
pot d'échappement	dispayò
poulailler	kalòj
pour	pou
pour qui ?	pou kimoun ?
pourboire	dékolaj, pou bwè
pourquoi	poukisa

sankarannsenk

poussière	lapousyè
pouvoir	pouvé
préférer	pisimyé
prendre	pran
près de	bò
préservatif	séré tèt-kal
prétentieux	konparézon
prière	lapriyè
prison	lajòl
prisonnier	nèg lajòl
prix	pri
professeur	profésò
promenade	pronmennen
promesse	darlòz
propre	prop
proverbe	dolo
puer	pyé, santi, voyé

Q

quai	ké
quand	kitan
quarante	karant
quart d'heure	kardèr
quartier	kartché
quartier disciplinaire	kartché disiplinèr
quatre	kat
quelque	oundé
quelque chose	bèt
quénette	kénèt
quereller (se ~)	trapé tren
queue de pie	paspété
qui ?	kimoun ?
quinze	kenz
quitter	kité, lésé
quoi ?	kisa ?, a kisa ?

R

racine	rakaba, rasin
ragots	wichi-wichi
ramasser	ranmasé
randonnées pédestres	pronmnen apyé
râpe	graj
râper	grajé
recevoir	rousouvwè
réclamer sa monnaie	doumandé so soumaké, lanmonen
reculer	tchoulé
réfléchir	kalkilé
regarder	gadé
rein	ren
rembourser	ranboursé
rempli	bakfoul, plen
remplir	plen
remuer	roumen
rencontrer	jwenn, kontré
répondre	réponn
requin	réken
réserver	rézèrvé
ressentir	santi
rester	rété
réveil	révèy
réveillonner	fè révéyon
rien	anyen, aryen
rire	ari
risqué	enpridans
riz	douri
rocking-chair	bèrsèz
roue	rou
rouge	rouj
rouspéter	chakalé
rue	lari

S

sa	so
sable	sab
sage (n.)	dòkò
saint	sen
sale	sal
salle à manger	salamanjé
salle de bains	chanm a ben
salon	salon
sang	disan
sans	san

French	Creole
sapotille	sapotiy
satellite	satélit
savane	savann
savoir	savé
savon	savon
scandale	èskandal
scorpion	skorpyon
seau	syo
sec	sèk
sein/s	tété
sel	sèl
semaine	lasimenn
sentier	ti-chimen
septembre	sèktanm
serpent	sèrpan, bèt long
serviette de toilette	sèrvièt twalèt
sexe féminin	chouchoun, tatou, dokonon
sexe masculin	poson, pwéson, lolo, koko, zozo
siège	sièj
s'il vous plaît	souplé
simplet	ababa
singe araignée	kwata
sirène	manman dilo
sœur	sò
soif	swèf
soigner	swen
soir	aswè
soixante	swasant
soleil	solèy
sommaire	baydivan
sommeil	sonmèy
somnoler	sigalé
sorcellerie	pyay
sorcier	pyayò
sortilège	pyay, tchenbwa
sortir	soti
soupe aux oignons	lasoup zonyon
sournois	anba-anba
souvent	souvan
squelette	èskélèt
station de taxis	gar taksi-yan
sur	asou
surette	sirèt
surpris (être ~)	èstébékwé
surveiller	véyé
sympathique	janti

T

French	Creole
table	tab
taire (se ~)	kawka
talon	talon
tamanoir	manjò fronmi
tamarinier	pyé tamaren
tambour	tanbou, pyano-savann
tamis	manaré
taper	konyen
tarif	pri-a
taro	dachin, chouchin
taxi	taksi
taxi collectif	taksiko
téléphone	téléfòn
tenir	tchenbé
tente	tant
terminal	terminal
terminus	tèrminis
tête	tèt
têtu	antété
thym	ten
timbre	tenm
toilettes	kabiné
tombe	tonm, tonm moun mouri
tomber	tonbé
tortue	toti
toucher	manyen
toujours	toujou
toussaint	latousen
tousser	tousé
tout	tout
tout à l'heure	titalò
tout de suite	lanmenm
tout près	kolé, toupròch

tout/e seul/e	rounso	vêtement	lenj (lakaz, lenj travay, bon lenj)
toux	tousé		
transport collectif	taksiko	viande	vyann
transporter	charyé	vieillesse	grandò
travail collectif	mayouri	viennoiserie	zakari
travailler	travay	vieux	vyé
treize	trèz	village	vilaj
trente	trant	ville (en ~)	anvil
trois	trwa	vin	diven
tromper	kouyonnen, blou-blou	vingt	ven
		violet	vyolèt
trousse de secours	trous sékour	visage	vizaj
		vite	vit, vitman, gidi-gidi
trouver	trapé, trouvé		
truc	bèt	vitesse	balan
tuer	tchwé	vitre	vit

U

un (petit) peu	oun tibi
un peu	moso
un/e	oun
untel	entèl
urgences	irjans

V

vacances	vakans
vaisselle	lavésèl
valise	valiz, malèt
vanille	vaniy
vendre	vandé
venir	vini
ventre	vant, bouden
véranda	véranda
verser	vidé
vert	vèrt

vivre	viv
voilà	men, mé
voir	wè
voisin/e	vwazen, vwazin
voiture	loto
voleur	vòlò
vomir	vronmi
vouloir	lé
vous	ou
voyage	voyaj

W

W.-C.	kabiné

Z

zombi	zonbi

Créole guyanais - N° édition : 4405
Achevé d'imprimer en novembre 2024
Imprimé en Pologne par Drukarnia Dimograf Sp. z o.o